The Best Practice Tests
for the Japanese-Language Proficiency Test

日本語能力試験ベスト模試

インターカルト
日本語学校
Intercultural
Institute of Japan

筒井由美子 Yumiko Tsutsui
大村礼子 Reiko Ohmura
沼田宏 Hiroshi Numata

著者

インターカルト日本語学校

1977年日本語学校、1978年日本語教員養成研究所創立。年間60を超える国々より留学生を受け入れている。また、日本語教育のテキスト・参考書の作成や、e-ラーニング教材の開発なども手掛けている。

筒井由美子：インターカルト日本語学校校長、インターカルト日本語教員養成研究所所長を経て、現在、アメリカにて日系アメリカ人子弟を対象としたバイリンガル教育に携わる。

大村　礼子：インターカルト日本語学校において、留学生の指導、教材開発（e-ラーニングを含む）、問題作成、日本語能力試験対策授業の実施、日本語能力試験対策書籍作成などに携わる。

沼田　宏：元インターカルト日本語学校専任講師、インターカルト日本語教員養成研究所所長。現在は日本語教育機関で留学生を対象に日本語能力試験・日本留学試験対策等の授業を行う傍ら、外国人の就労・定着支援研修のプログラムにも携わる。

JLPT 日本語能力試験ベスト模試 N2

The Best Practice Tests for the Japanese-Language Proficiency Test N2

2019年 6 月5日　初版発行
2025年12月5日　第7刷発行

著　者：インターカルト日本語学校／筒井由美子・大村礼子・沼田宏

発行者：伊藤秀樹

発行所：株式会社 ジャパンタイムズ出版
　　　　〒102-0082 東京都千代田区一番町2-2
　　　　一番町第二TGビル 2F
ISBN978-4-7890-1718-3

First edition: June 2019
7th printing: December 2025

Narrators: Sayuri Miyako, Yuki Minatsuki, Kimiyoshi Kibe, Daisuke Takahashi and Shogo Nakamura
Recordings: The English Language Education Council
Translations: Umes Corp.
Layout design and typesetting: Soju Co., Ltd.
Cover design: Masakazu Yamanokuchi (tobufune)
Printing: Nikkei Printing Inc.

Published by The Japan Times Publishing, Ltd.
2F Ichibancho Daini TG Bldg., 2-2 Ichibancho, Chiyoda-ku, Tokyo 102-0082, Japan
Website: https://jtpublishing.co.jp

ISBN978-4-7890-1718-3

Printed in Japan

はじめに　Preface

日本語能力試験N2を受験する学習者の皆さんへ
To everyone planning to take JLPT N2

　本書『JLPT日本語能力試験ベスト模試N2』は、日本語能力試験N2の絶対合格を目標とし、厳選された問題による模擬試験3回分と、その解説で構成されています。

　各問題は、過去の能力試験で実際に出題されたものを基にして、同じ形式で作成しました。そしてその上で、さらに発展的な問題も加えました。これは、本来の日本語能力をつけるためです。というのは、出題形式に慣れることは重要ですが、それが固定してしまって少し異なる視点からの問いに戸惑うようだと、本当の力がついてないということになるからです。つまり、試験本番で自分の持つ実力を発揮し、合格点を取るためには、どのような問いの形式にも対応できる真の日本語力が必要なのです。本書は、そのような真の力の習得を狙っています。

　学習者の皆さんがこの本を十分活用して日本語能力試験N2に合格し、それぞれの夢を実現させていくことを、心から願っています。

The Best Practice Tests for the Japanese-Language Proficiency Test (JLPT) N2 offers you three practice tests filled with rigorously selected questions and commentary on them, all designed to help you pass the actual test with flying colors.

All practice questions are based on ones that have previously appeared in the real JLPT, and follow the same structure. Also, some expanded questions have been added to further evolve your Japanese language proficiency. This is because while it is important to accustom yourself to the format of the test, if you focus too much on the same types of questions over and over, you could end up sacrificing the fundamental competencies needed for real-world communication—which means you might stumble when encountering test problems presented from an unfamiliar angle. In other words, to fully leverage your abilities and succeed in the actual JLPT, you need to possess bona fide Japanese language skills that empower you to tackle any style of question. This book was created precisely to foster those skills.

We hope that you will make the most of this book and that it will help you to pass JLPT N2 and achieve your dreams!

2019年5月　May 2019　インターカルト日本語学校　Intercultural Institute of Japan

筒井由美子 Yumiko Tsutsui

大村礼子 Reiko Ohmura

沼田宏 Hiroshi Numata

もくじ Contents

本書の特長と使い方

模擬試験に挑戦！

◆模擬試験の目的は？

模擬試験を受ける → 自分の苦手な科目や、合格に必要な力と今の実力の差を知る → 本試験までの効率的な学習計画を立て、苦手分野を重点的に勉強する → 本試験を受ける → 合格！

◆模擬試験にどう臨む？

練習ではなく、本試験を受けるのと同じ気持ちで！

☞ 本試験と同じように、集中できる環境で行う。

☞ 時間を計り、本試験と同じ時間内で終わらせる。

◆3回分をいつ使う？

日程例

| 第1回 | 本試験4〜5か月前 | ⇒ | 第2回 | 本試験2か月前 | ⇒ | 第3回 | 本試験2〜3週間前 |

☞ 一度に3回分を解いてしまわないように。

☞ 少し間を空けて受けて、点数の変化で学習成果をチェック。

◆どのくらい点をとればいい？

基準点と合格点：「採点表」(p. 42, 75, 108) 参照

<u>しかし</u>　本試験では模擬試験より点が低くなる　→　<u>基準点・合格点より10〜20%上を目指そう！</u>

「解説」の特長と科目別学習のヒント

　本書の「解説」を活用して学習を広げてください。間違えた問題はもちろんですが、正しく答えられた問題でも、解説を読んで学習方法を獲得することで、実力を確実なものにすることができます。

解説の例（言語知識）

【合】ゴウ・ガッ・カッ・あ-う／わせる　例 合同 合唱　合宿

【図】ズ・ト・はか-る　例 図を描く　意図　紛争 の解決を／合理化を／便宜を図る

※「合」「図」とも読みが複数あるので注意する。

Both 合 and 図 have various readings.

合図(する)：あらかじめ決めた方法で相手に意向 や事柄を知らせる give a signal

すべての音読み（カタカナ）と訓読みを提示。使用頻度に違いがある場合は、その点も明示してある。

学習を容易にするために、覚える必要のある語彙を提示。漢字は字体でなく語彙で覚える。

語彙は必ず短文で覚える。解説に短文が記されてない場合は問題文を覚える。

語の辞書的な意味記述や英語訳は参考に。

※「読解」「聴解」は、解答のポイントとなる部分に英訳があります。

◆文字・語彙

漢字は語彙で、語彙は短文で覚える。

◆文法

問題7「文の文法1（文法形式の判断）」

解説に選択肢ごとの意味と短文例がある。短文を使って覚えること。

問題8「文の文法2（文の組み立て）」

文を組み立てる問題：名詞修飾や言葉のつながりに注意。

問題9「文章の文法」

長めの文章の空欄を埋める問題：文章を読み取る　→　どんな言葉が来るか判断する。

☞　よく出題されるもの

・「〜れる・られる」「〜せる・させる」「〜てあげる・もらう・くれる」

・「〜として」「〜にとって」などの助詞相当句

・接続の表現

◆読解

解説では、各問題の具体的な解き方と共に、同種の文章にどう対処したらよいかを記してあります。例えば、「比喩を使った文章」「定義を述べた文章」「情景を想像しながら読む文章」「次に続く事柄を推測する文章」などです。それを参考に、読み取りの力を高めてください。

読解問題には、次のようなタイプがあります。

「内容理解」

一語一語にこだわりすぎず、文全体が何を伝えているかをとらえることが大切。

☞　本、雑誌、インターネットなどで数多くの文章に触れておこう。

☞　母語で本を読むことが好きな人・一般的な知識の豊かな人が有利！

「情報検索」

お知らせ・広告などから、必要な情報を速く見つける。

☞　慣れが必要　→　雑誌の情報欄などを普段から見るようにしておこう。

◆聴解

聴解は、問題1〜5がそれぞれタイプ別になっています。問題別の特徴や注意点は以下の通りです。

問題1「課題理解」

・選択肢が書かれている。

☞　選択肢を見ながら聞くとわかりやすい。

・会話の前に問題を聞く。

☞　問題の内容を聞き逃さないように。

☞「○○はこれからまず何をしますか」という問題が多い。

☞「前に」「後で」「〜てから」などの言葉に注意する。

問題2「ポイント理解」

・選択肢が書かれていて、読む時間がある。

☞　選択肢を読み終わる前に会話が始まったら、聞くことに集中する。

・会話の前に問題を聞く。

☝ 何かの<u>理由</u>、<u>最も重要</u>なことは何か、などを問う問題が多い。

問題3「概要理解」

・選択肢は書かれていない。

☝ 聞くだけなので、<u>必ずメモをとること</u>。

・全体として何の話なのか、テーマは何かを問う問題。

☝ わからない言葉があっても気にしない。

問題4「即時応答」

・短い発話を聞く　→　会話の相手が何と答えるかを選ぶ。

☝ 聞き取る力＋<u>語彙・文法・表現</u>の知識が大切。

☝ 表現の意味・使い方がわからないと、答えが<u>導</u>けないことがある。

問題5「統合理解」

・1番・2番：2、3人の長めの会話を聞き、結論がどうなったか判断するタイプの問題。

☝ 選択肢は書かれていないので、<u>メモをしっかりとる</u>。

・3番：

まず、一人の人が4つの選択肢を提示する。

☝ <u>それぞれの内容をきちんとメモする。</u>

次に、男女2人がその中のどれを選ぶかについて話す。

☝ 選択肢は書かれているが、記号や単語なので、内容をきちんとメモする。

■模擬試験冊子について

・巻末の模擬試験は第1回・第2回・第3回が別々の冊子になっていて、1回分ずつ個別に取り外すことができます。冊子の表紙と最終ページを持って、本の外側にそっと引っ張って外してください。

・1回分の模擬試験冊子に、「言語知識（文字・語彙・文法）・読解」と「聴解」がまとまっています。

・「言語知識（文字・語彙）」「言語知識（文法）・読解」と「聴解」の解答用紙は模擬試験冊子の最後に付いています。模擬試験を始める前に、はさみで切り取って準備しておいてください。

■聴解問題の音声ダウンロードについて

・右下のQRコードを読み取って、ジャパンタイムズ出版の無料音声アプリ「OTO Navi」をスマートフォンやタブレットにインストールし、聴解問題の音声をダウンロードしてください。

・聴解問題の音声は下記のURLからダウンロードすることもできます。<u>ダウンロードは無料</u>です。

https://bookclub.japantimes.co.jp/jp/book/b454188.html

Features and Usage of This Book

Try your hand at practice tests!

◆ **Why should I take practice tests?**

Take practice tests → Identify the areas you need to work on, and see how your current strengths match up against the level needed to pass → Develop and follow a study plan that enables you to efficiently focus on strengthening your weak areas → Take the JLPT → **Succeed!**

◆ **How should I approach the practice tests?**

Instead of thinking of them as practice, treat them as if they were the real thing!

- Take the practice tests somewhere that allows you to concentrate like you would at a real test venue.
- Time yourself. Take no more time than what is allotted in the actual test.

◆ **How should I schedule the three practice tests?**

Here's one suggestion:

| 1st test | 4–5 months before actual test ⇒ | 2nd test | 2 months before ⇒ | 3rd test | 2–3 weeks before |

- Avoid taking all three in one swoop.
- Spacing the tests apart gives you a better idea of how much your study efforts are helping to boost your scores.

◆ **How many points should I aim for?**

Refer to the scoresheets on p. 42, 75, and 108 for the minimum acceptable scores and passing scores. However, since many examinees tend to score lower in the actual test than in practice tests, it's a good idea to play <u>it safe by becoming able to achieve practice test scores 10–20% above the minimum acceptable/passing scores.</u>

Commentary structure and tips for each area of study

Refer to the commentary provided in this book to get more out of your test preparations. You'll be better able to build and consolidate your skills if you read the commentary for all test questions—not just the ones you flubbed but also the ones you aced.

Commentary sample (Language Knowledge)

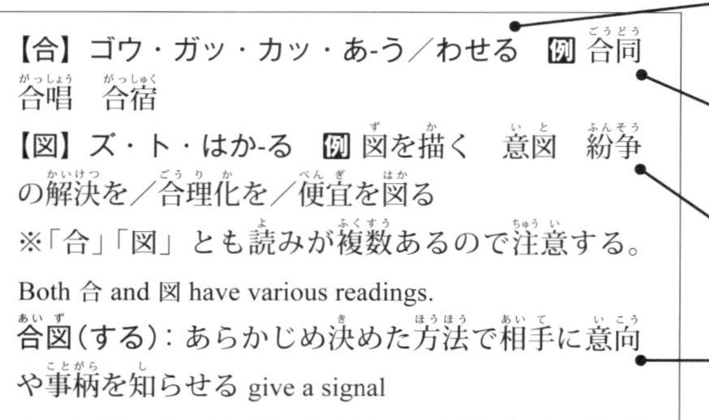

All on-yomi and kun-yomi readings of the target kanji are given (on-yomi in katakana). Differences in the frequency of their use are noted.

Vocabulary that you need to learn are presented to facilitate your studies. Instead of just memorizing the shapes of kanji, try to learn the characters in the context of words that incorporate them.

Memorize the vocabulary as part of short sentences. If the commentary doesn't provide a short sentence for a certain word, memorize it as used in the test question.

Refer to the dictionary-style definitions and English translations of the words.

Note: English translations are also provided for advice on the Reading and Listening sections.

◆ **Vocabulary**

<u>Learn the kanji as part of words, and the vocabulary as part of short sentences.</u>

◆ **Grammar**

Question 7: Sentential grammar 1 (Selecting grammar form)

The commentary includes the meanings of each answer choices and short example sentences. Memorize the vocabulary in the context of the short sentences.

Question 8: Sentential grammar 2 (Sentence composition)

Sentence construction questions: Pay close attention to noun modification and how words are linked.

Question 9: Text grammar

Fill-in-the-blank passages: First, grasp the meaning of the passages as a whole, and then determine what words correctly fill the blanks.

   ☛ Material that often appears in these questions:

     ・ ～れる / られる ; ～せる / させる ; ～てあげる / もらう / くれる

     ・ Particle phrases such as ～として or ～にとって .

     ・ Conjunctive expressions

◆ **Reading**

The commentary provides specific tips on how to solve the different types of questions and how to tackle similar readings. Some of the types of reading material covered are: passages that use metaphors, passages that state definitions, passages that require you to picture the situation in your mind, and passages where you need to predict what comes next. Go over the various types to enhance your reading skills. The reading questions are divided into the following types.

Comprehension

The trick to solving these questions is figure out the message of the passage as a whole, rather than focusing too much on what each expression means.

   ☛ Try reading lots of material from books, magazines, the Internet, and other media.

   ☛ People who like to read books in their native language and/or have a lot of general knowledge are at a bigger advantage!

Information retrieval

These questions challenge you to quickly pick out necessary information from notices, ads, etc.

   ☛ To handle these questions efficiently, you need to become accustomed to their format and material, so it's a good idea to make a habit out of reading announcements in magazines and the like.

◆ **Listening**

Questions 1–5 each present a different type of question. Below are the characteristics of each type and pointers on how to tackle them.

Question 1: Task-based comprehension

・ The answer choices are written.

   ☛ These questions are easier to solve <u>if you look at the choices while listening</u>.

・ The question is played before the dialogue.

   ☛ Be careful not to miss the question.

   ☛ The questions often take the form ○○はこれからまず何をしますか (What will [person] do first?).

   ☛ Be on the lookout for words like ～前に (before ～), ～後で (after ～), and ～てから (after ～).

Question 2: Point comprehension

- The answer choices are written, and you are given time to read them.
    - ☞ If you don't finish reading the choices before the dialogue begins, focus on listening to it.
- The question is played before the dialogue.
    - ☞ The questions typically ask about <u>the reason for something, the most important point of something</u>, and so on.

Question 3: Summary comprehension

- The answer choices are not written.
    - ☞ This is a listening-only problem, so <u>be sure to take notes</u>.
- The question asks about the subject/theme of the dialogue as a whole.
    - ☞ <u>Don't get too worried if you encounter an unfamiliar expression</u>.

Question 4: Quick response

- You listen to a short utterance and then select the appropriate response to it.
    - ☞ It takes strong listening skills and broad knowledge of <u>vocabulary, grammar, and expressions</u> to do well on these questions.
    - ☞ It will be hard to determine the correct answer if you don't understand the meaning and usage of the expressions used.

Question 5: Integrated comprehension

- No. 1, No. 2: You listen to a dialogue between two or three people and then determine the conclusion.
    - ☞ The answer choices aren't written so <u>be sure to take good notes</u>.
- No. 3: First, a speaker states the four answer choices.
    - ☞ <u>Jot down each choice</u>.

    Next, a man and a woman talk about which one they will choose.
    - ☞ Although the choices are written, they use symbols or are condensed into a word or two, so take careful notes of what is said in the dialogue.

■ About the practice test booklets

- The three practice tests are each bound in separate booklets at the end of this book. <u>The booklets are detachable</u>. <u>To remove a booklet, grasp its cover and last page and gently pull it from the book</u>.
- Each booklet is divided into: Language Knowledge (Vocabulary/Grammar) & Reading, and Listening.
- The answer sheets for each part are found at the end of the booklet. <u>Before taking the practice test, prepare the answer sheets by cutting them out with scissors</u>.

■ About the audio downloads

- Scan the QR code at the bottom right and install OTO Navi, The Japan Times Publishing's free sound navigation app, on your smartphone or tablet. Next, use the app to download the audio material for the listening comprehension sections of this book.
- The listening comprehension audio files can also be downloaded via the page linked below. <u>The downloads are **free**</u>.

    https://bookclub.japantimes.co.jp/en/book/b456558.html

N２第１回 模擬試験
N２ Practice Test 1

解答と解説
Answers and Comments

問題1（漢字読み *Kanji* reading）

1　答え　3

【正】セイ・ショウ・ただ-しい・まさ　例 正に
※「まさ」は名前によく使われる。The reading まさ is often used in first names.
【直】チョク・ジキ・ただ-ちに・なお-る／す
※「ジキ」と読む語は少ないが、重要なものがあるので注意する。The reading ジキ is rare, but should be learned because it appears in some important expressions.　例 直訴（する）
正直（な）：うそやごまかしがない様子 honest

2　答え　2

【独】ドク・ひと-り　例 独り暮らし
【特】トク
独特（な）：ほかにはなく、そのものだけが特に持っている様子「独特の」の形でも使う。unique

3　答え　1

【合】ゴウ・ガッ・カッ・あ-う／わせる　例 合同 合唱 合宿
【図】ズ・ト・はか-る　例 図を描く 意図 紛争の解決を／合理化を／便宜を図る
※「合」「図」とも読みが複数あるので注意する。Both 合 and 図 have various readings.
合図（する）：あらかじめ決めた方法で相手に意向や事柄を知らせる give a signal

4　答え　4

【努】ド・つと-める
「つとめる」と読むほかの漢字 other kanji that can be read　つとめる：【勤】会社に勤める　【務】社長を務める
努める：努力する try, attempt

5　答え　2

【家】カ・ケ・いえ・や　例 作家 大家 本家 大家さん
【屋】オク・や　例 屋上 屋内 屋外 屋根
家屋：人が住む建物 house, residential building

問題2（表記　Orthography）

6　答え　4

【辞】ジ・や-める　例 辞職（する）辞任（する）
辞める：就いていた職や地位を退く resign, quit
1【退】タイ・しりぞ-く／ける：後ろへさがる／さがらせる
2【引】イン・ひ-く：手で近くへ寄せる
3【止】シ・と-まる／める

7　答え　1

述べる：言葉で言い表す state, tell, say
【述】ジュツ・の-べる　例 記述（する）著述
2【込】こ-む／める：中に入る　中に入れる
※音読みはなし
3【迷】メイ・まよ-う：どうしたらいいかわからない
4【迎】ゲイ・むか-える：来る人を待ち受ける

8　答え　3

【保】ホ・たも-つ
【険】ケン・けわ-しい
保険：偶然発生する事故に備えて多くの人がお金を出し、事故にあった人にお金を支払う制度 insurance

※「保＝まもる」と「険＝あぶない」が組み合わさった語。This word combines 保 (protect from) and 険 (danger).

9　答え　2

【省】ショウ・セイ・はぶ-く・かえり-みる　例 外務省　反省　帰省
【略】リャク　略：おおよそ　略す（る）　①考えをめぐらす　例 戦略　②簡単にする　例 略図　概略　③うばいとる　例 侵略（する）　略奪（する）
省略（する）：大事なところだけ残して簡単にする omit, abbreviate

10　答え　3

【報】ホウ・むく-いる　報＝知らせ
【道】ドウ・みち
報道（する）：新聞、ラジオ、テレビなどで広く一般に知らせる cover, report

問題3（語形成 Word formation）

11　答え　2

副～：～にともなっておこる sub-, vice-, deputy (prefix)　例 副産物
副作用：医療品の本来の効果と異なる不都合な作用 side effect
1　次～：つぎの～ next (prefix)　例 次世代
3　後～：あとでする～ after (prefix)　例 後片付け（する）
4　伴・伴う：ある事柄に応じて生ずる along with　例 同伴（する）　危険を伴う手術

12　答え　4

～帯：ある一定の幅のある時間や場所 zone, belt (suffix)　例 火山帯　地震帯
時間帯：一日のうちのある時刻からある時刻までの一定の幅の時間 span of time
1　～内：限られた範囲の中にある　within (suffix)　例 範囲内　想定内
2　幅：物の横の長さ　差 width　例 幅の広い道　値上げ幅 markup
3　～中：ある範囲内のすべて　途中 throughout (suffix)　例 仕事中　世界中

13　答え　3

～先：出かけていく場所 the place where one is away from home/office (suffix)　例 旅行先　出先
取引先：取引の相手 client, business partner　先＝相手
1　～屋：商店などを表す store, shop (suffix)　例 電気屋
2　～者：人物を指す a type of a person (suffix)　例 怠け者
4　～手：ある仕事をする人 a person doing a job, -er (suffix)　例 運転手　働き手

14　答え　1

不～：～しない　～でない un-, in- (negative prefix)　例 不可能（な）　不用心（な）
不器用（な）：手先ですることが下手な　物事の処理の仕方が下手な様子 clumsy　※「無器用」とも書く
2　非～：～でない　あとに続く言葉を打ち消す non-, un-, in- (negative prefix)　例 非常識（な）　非公式（な）
3　否～：打ち消す not, un-, in- (negative prefix)　例 否認（する）　～否：～か～ではないか whether or not　例 安否　合否　正否
4　反～：反対　逆 inverse, anti-　例 反比例（する）

15　答え　3

～外れ：狙いとは違う結果になること　miss, off, out of　例 見当外れ　予想外れ
期待外れ：期待していたとおりにならないこと disappointment

１　〜破り：その中に収まっていない unconventional
例　型破り out-of-the-box
２　〜崩れ：まとまっていたものや重なっていた
ものがばらばらになってこわれた状態 collapsed
例　土砂崩れ landslide
４　〜離れ：〜とは離れている apart from, lack of
例　親離れ independence from parents　活字離れ
aliteracy

問題4（文脈規定 Contextually-defined expressions）

16　答え　2

寄付(する)：公共の団体や社寺などに金品などを
贈ること donate　例　寄付金
１　預金(する)：銀行などにお金を預ける、または
預けているお金 deposit
３　会費：会員、出席者が払うお金 membership fee
４　費用：物を買ったり使用したりするために使
うお金 expense, cost

17　答え　3

さっぱり〜ない＝全く〜ない not at all　例　売れ行
きはさっぱりだ。＝全くダメだ。
１　きっぱり：はっきり（言う／断る）clearly, flatly
２　すっきり：余計なものがない　気持ちがよい
わかりやすい refreshingly, neatly
４　すっかり：一つ残らず　全部 completely

18　答え　1

当てはまる：条件、前例などにぴったり合う fit
into, be relevant　この問題文では「該当する」も
使える。該当する can also be used in this sentence.
２　突き当たる：物にぶつかる come up against
３　取り上げる：相手が持っているものを奪い取
る pick up, deprive　意見などを聞き入れる cover
４　はまる：ピッタリ合って入る　川、池などに
落ち込む fit into, fall into

19　答え　4

ターゲット：対象　目標　標的 target　例　若い女
性をターゲットにした雑誌
１　タイムリー(な)：ちょうどいい時 timely
２　ターミナル：鉄道やバスの路線が集中し、発
着が行われるところ terminal
３　タブレット：コンピューターの入力装置の一
つ tablet

20　答え　1

興味：物事に心が引かれ、面白いと感じること
interest
２　趣味：専門としてではなく楽しみとしてする
こと　好み　感覚 hobby
３　好物：好きな飲食物　好きな物事 favorite food/
drink/thing
４　傾向：性質、状態などが全体としてある方向
に向かうこと tendency

21　答え　2

有効(な)：役に立つこと　効力があること valid,
effective　⇔無効(な) invalid　例　時間を有効に使う。
１　効果：ある行いの目的に合った結果 effect,
effectiveness
３　効力：ききめ　効果を及ぼすことのできる力
efficacy
４　効用：ききめ　使い道 utility, use, usefulness

22　答え　3

慌てる：ひどく急ぐ　思いがけない事にあって落ち
着きを失う rush, panic　例　急な来客に慌てる
１　転ぶ：人がすべったりつまずいたりして倒れ
る fall
２　走る run, (car) drive, go
４　追いつく：あとから追って、先に出た人に並
ぶ　能力や技術が目標となる物と同じレベルに達
する catch up

問題5（言い換え類義　Paraphrases）

23 答え 3

快適（な）：心や体の望む通りの条件が満たされていてとても気持ちがいい comfortable

24 答え 1

迷惑（な）：人のすることで不快になったり困ったりする annoying, nuisance

※名詞や動詞としても使う This can also be used as a noun or verb. 例（人）に迷惑をかける　〜のせいで（自分が）迷惑する

25 答え 4

たびたび：同じことが何度も繰り返して行われる様子　しばしば　何度も repeatedly

3 たまに：起こる回数が非常に少ない様子 occasionally

4 よく：しばしば　そういうことが多い often

26 答え 4

諦める：望んでいたことの実現が不可能であることを認めて望みを捨てる　断念する give up, abandon, quit

27 答え 1

賢い：頭の働きがいい　要領がいい clever, smart

2 ずるい：自分の利益のためにうまく振る舞う様子 not fair, cunning

3 意地悪（な）：わざと人を困らせたり嫌がることをしたりする様子 mean

4 乱暴（な）：暴力をふるって暴れる様子　荒々しく振る舞う様子 rough, violent

問題6（用法　Usage）

28 答え 2

早速：すぐ（に）right away

※「すぐ」との違い：「早速」は「人」が主語で、その人がしたいと思っているようなことができる状態になったのですぐ実行する、という場合 例 近くに寿司屋ができたので早速行ってみた。

また、誰かが自分に対してしたことに対してすぐ好意的な反応をする場合 例 友達がメールをくれたので早速返信した。

1・3・4は、主語が人ではないので「早速」は使えない。どれも「すぐ」がふさわしい。

29 答え 4

支持（する）：ほかの人の思想、意見などに賛成して援助する support, stand by 例 支持する政党　首相の支持率

1 ► 助け合って、支え合って

2 ► 信じて

3 ► 力を合わせて

30 答え 3

気軽（な）：物事を深刻に考えない　何かを気にしたり、面倒がったりしないで行動する様子 feel free to, easily

1 ► 簡単に

2 ► 気持ちが軽く、ホッと（した）

4 ► 体重が軽く

31 答え 2

ごく〜：非常に　very, extremely　※①小さい数量に使う 例 ごくわずか　ごく少数　②「特に変わらなく、特別ではない」というときに使う 例 ごく平凡　ごく普通　ごく当たり前

1 ► とても　非常に

3 ► とても　すごく

4 ► とても

32 答え 4

提供（する）：自分の持っているものをほかの人の

役に立てるように差し出す provide, offer　例 番組
を提供する。
1 ▶ 作って
2 ▶「提供して」は不要
3 ▶ 提出

33　答え　3

〜た上で…（する）：〜た結果をもとにして…する
※名詞＋の＋上で　例 相談の上で　熟慮の上で
※〜（辞書形）上で＝〜する場合　例 奨学金を申
し込む上で必要な事柄を知っておく
1 〜上に＝〜に加えて、さらに　例 日本語の漢
字は書き方が難しい上に読み方も多い。
2 〜上は＝〜であるから当然…　〜以上は　〜
からには　例 選挙に当選した上は、必ず公約を実
現するつもりだ。
4 〜上では＝〜の点からは（「は」は対比を表す。）
例 数字の上では、いじめは減少している。

34　答え　2

わざわざ：何かのために、普通ならそこまでしな
いようなことをする様子 taking the trouble
1 わざと：意図的に　故意に on purpose, intentionally
例 兄は弟とゲームをするとき、わざと負けること
がある。
3 せっかく：努力を無駄にしたくないという気
持ちが現れている様子 after having worked hard to,
since 〜 might as well　例 せっかく掃除したのに、
子どもがすぐ汚してしまった。　せっかく日本まで
来たのだから、日本語を勉強しよう。
4 いよいよ：待っていたことがまもなく実現す
る様子 long-awaited (moment is here)　例 いよいよ
合格発表だ

35　答え　3

名詞＋として＝〜の立場で　〜の資格で　例 日本
の首相として外国を訪問する
1 名詞＋ながら＝〜であるけれども　例 小柄な
がら力持ちの男性
2 名詞＋ならでは＝〜に特徴的な　〜でなけれ
ば得られないような　例 日本ならではの習慣
4 名詞＋にとって＝〜の立場では　〜の考えで
は　例 日本語能力試験合格は留学生にとって非常
に大切だ。

36　答え　4

こと：事柄　行為　※「〜というの／ことは、〜
ことだ」の形で使う。　例 人の物を盗むというのは、
一番してはいけないことだ。
1 わけ：訳　理由　例 彼が学校をやめたわけは、
誰も知らない。
2 はず：「はずだ／はずがない」の形で、確信を
持っていることを伝える。This is used in the forms
はずだ／はずがない to express the speaker's certainty
about a situation.　例 カギはバッグに入っているは
ずだ。（入れた覚えがあるから）
3 〜の：前の文「〜」を受けて名詞化する This is
used to nominalize the preceding part (〜).　例 日本語
の先生が中国語を話しているのを聞いた。

37　答え　2

〜なくてもいい＋そう（様態 state）→〜なくてもよ
さそう：不必要であることを表す「〜なくてもいい」
＋様態・予測・外見「〜そう」＝〜する必要はな
いように見える
このぶんだと＝この様子だと
1 〜なくてもいい＋そう（伝聞 hearsay）
3 〜ないほうがいい（選択 selection）＋そう（伝聞）
4 〜ないほうがいい（選択）＋そう（様態）

38　答え　3

〜もいれば／あれば、…もいる／ある：多種多様
であることを表す。This is used to express diversity.

※動詞の場合は必ず「ば」を使い、「たら」「と」「なら」は使われない。Only the ば form of the verb can be used in the first half of this expression; たら, と, and なら are not used.
形容詞の場合　例　この辺りは交通も便利なら、環境もいい。この辺りは環境もよければ、交通も便利だ。

39　答え　1

〜てから＝〜のあと
※「〜たから」（＝原因、理由）と区別すること
Distinguish between "〜てから（after 〜）" and "〜たから（causes and reasons）"
〜にする＝〜と決める
※ここでは習慣を言っているので「〜てからにしている」の形になる。

40　答え　3

〜がち＝（よくない）傾向がある　例　雨がち　遅れがち　忘れがち　失敗しがち
1　〜たきり…ない＝（別れたり離れたり）したあと、（本来元に戻るべきなのに）何もない　例　出かけたきり、帰ってこない　ケンカしたきり、仲直りしていない
2　〜（辞書形）なり＝〜すると、すぐ　例　家に帰るなり冷蔵庫を開けて何か食べている
4　名詞＋向き＝〜に適した…　例　子ども向きの本　初心者向きの登山ルート

41　答え　4

〜からといって…＝「〜だから…する」ということはない／のはよくない／問題だ
1　〜からには＝〜だから（…しよう／しなければならない／してほしい／に違いない）　例　日本語能力試験を受けるからには、絶対合格するつもりだ。
2　〜からこそ＝特に〜という理由で　例　体が弱かったからこそ体力をつけるために運動し、一流の選手になった。
3　〜からして＝〜が最初に挙げられるが、…：

〜を一例として挙げ、言いたいことを強める　例　最近の若者は、言葉の使い方からして幼稚だ。

42　答え　2

〜ずにはいられない＝抑えようとしても〜するという衝動が抑えられない
1　〜ないわけではない＝〜はする、しかし…　例　勉強しないわけではないが、成績が上がらない。
3　〜ないでもない＝積極的ではないが、いちおう〜する　例　カラオケはしないでもないが、好きではない。
4　〜なくてもかまわない＝〜なくてもいい
※日本語の表現には「〜ない」を重ねて使うものが多いので、整理しておくこと。There are all sorts of patterns in Japanese that combine two negatives, so be sure to keep track of them and their usage.

43　答え　3

〜とく＝〜ておく　※会話で使われる短縮形
1　〜ちゃって＝〜てしまって　※「〜て」は軽い命令・指示で使われる
2　〜といて＝〜ておいて
4　〜たら＝〜たらどう？　※提案・助言

44　答え　1

お／ご〜いただく＝「〜てもらう」の尊敬形　例　お読みいただく　お使いいただく　ご連絡いただく　ご返信いただく　※ご覧いただきたい＝見てもらいたい：この文は先生に「見てもらいたい」という意味なのでこれを選ぶ。
2　お目にかかる＝「会う」の謙譲語
3　お見えになる＝「来る」の謙譲語
4　拝見する＝「見る」の謙譲語

問題8（文の文法2（文の組み立て）Sentential grammar 2 (Sentence composition)）

45　答え　3

2,000円も 払って まで 食べよう とは 思わない
〜てまで…う／ようとは思わない＝普通はしない
〜ということまでして…しようとは思わない

46　答え　1

選手たち への コーチから の メッセージ だった
※「名詞＋の＋名詞」が助詞を伴う場合の形に注
意 Note how particles are added to noun＋の＋noun.
選手たちに／へ、メッセージを伝える→選手たち
へのメッセージ　コーチからメッセージを伝える
→コーチからのメッセージ　例日本語学校での勉
強　友達との会話　京都への旅行

47　答え　3

受けていない こと こそ が 一生懸命勉強すること
につながり
「こそ」の位置が重要。The position of こそ is important.
「〜ことこそが」

48　答え　4

人間が 怒りっぽくなる のは 疲れている からだ
から、
「〜のは〜からだ…」という文であることに気づ
く必要がある。Be sure to note the form of this con-
struction: "〜のは〜からだ…."

49　答え　1

考え方が違う人と は 話そう と さえ しない
「は」と「さえ」の位置が重要。「〜とは話さない」
「〜そうとさえしない」。また、文の意味に整合性
があるかどうか考える必要がある。Also, you need
to make sure that the sentence makes sense as con-
structed.

問題9（文章の文法 Text grammar）

50　答え　1

「〜ようになった」という文末から、何かが起き
た時点から気持ちの変化があったことがわかる。
つまりこの文は「きっかけ」を述べている。The
ending 〜ようになった indicates that the writer's feelings
changed following some occurrence. In other words, the
sentence describes the impetus for something.

51　答え　2

授受表現（あげる・くれる・もらう）を選ぶ場合は
「誰が」「誰に」を補って読むこと。When you need
to choose a verb of giving/receiving, figure out who
gave and who received as you analyze the sentence.
ここは「町内会の会長」が「私」に「焼きそばを
買ってくれた」という文である。

52　答え　4

文意を読み取って選ぶ。Analyze the meaning of the
sentence to choose the right answer.
前段で説明された「精神」を、コミュニティのメ
ンバーは持っていなければならない、と言っている。

53　答え　3

自然で順当なつながりを表す言葉がふさわしい。
The right choice is an expression that links the two parts
naturally and logically.
「強く残っている」→「しっかりと受け継がれて
いる」という接続。

54　答え　4

文意から、筆者がそう考えているという文末を選ぶ。
Using the context as a guide, choose the ending that
appropriately expresses the writer's viewpoint.
「〜残っているからこそ」「だ／である／だと思う」
など。「〜なのではないだろうか」「〜なのではな
いか」「〜なんじゃないか」などはすべて「〜と
思う／考える」という意味である。「〜ないか」
の形になっていることに注意すること。

読解 Reading

問題10（内容理解（短文）
Comprehension (Short passages)）

(1)

55 答え 1

読みながら頭の中に登場人物の行動を思い浮かべること。As you read, picture in your mind the actions of the people described.

ここでは、「（子供たちを）グループなどに分けて検討させ」→「その後、集団を解体して、別の解き方をした子供たち同士で集まり、〜話し合った」とあり、2回、違うグループで話し合ったことがわかる。教室活動の一つ「ジグソー」と呼ばれる手法。

(2)

56 答え 3

このような「情報を取り出す」タイプの問題は、どこにその情報があるか、正確に早く探す読解力が問われている。まず問いを読むといい。それに答えるつもりで本文を読む。

This type of question requires you to extract certain information from the reading, and thus tests your reading comprehension skills for quickly but accurately finding the information needed. It's a good idea to start by reading the actual question, so that when you read through the material you will have in mind the type of information you need to look for.

このお知らせでは、最後に「不在の場合でも、管理人の合カギで入室」し「お知らせのない場合でも入室」とあることから、何もしなくても点検が行われる。

(3)

57 答え 1

中心のテーマを解説するにあたり、わかりやすいほかのものに例えることはよくある。そのような文章では、何のために、何を何に例えているかを理解することが重要。Explanations of a central topic often use easy analogies to facilitate the reader's understanding. When tackling such writings, you need to figure out what is being likened to what, and why.

ここでは、テーマであるインフレを、サッカー観戦に例えて解説している。「（値段が）安いうちに買うこと」と、「（観戦で）立ち上がること」との共通点を読み取る。

(4)

58 答え 3

情報取得の正確さと速さを問う問題。本文を読む前に問いと選択肢にざっと目を通すとやりやすい。This question tests your ability to quickly but accurately find the information needed. It will be easier to solve if you skim through the question and choices before reading the passage.

お知らせの3番目に、「園児たちには給食」があるが「ご家庭の〜ものは〜ご用意ください」と書いてある。

(5)

59 答え 2

「その／それ／そう」などの指示詞は文章で必ず現れる。それが何を指すかを確認しながら読むことは読み取りの基本である。通常は指示詞の直前にあるが、この文章のように離れている場合は出題されやすい。内容を正確に読み取る必要がある。

Demonstratives such as その／それ／そう appear in every reading task. One of the fundamental skills of reading comprehension is being able to determine what is referred to by a demonstrative. Referents usually appear immediately before their demonstrative, but the test tends to use readings that place them apart, as is the case in this question. This means you need to get a good handle on what the passage is saying.

ここでは、1つ目の文で「最初の生き物が現れ」→「その最初の生き物を食べる別の生き物が現れ」と述べ、2つ目の「これは、〜」、3つ目の「つまり、〜」の2つの文は説明である。したがって4つ目の「その直後〜『植物』が現れたとき」は、1つ目の文を指している。

問題11（内容理解（中文）
Comprehension (Mid-size passages)）

（1）

60 答え 4

文全体を通して筆者が言いたいことを把握しよう。Try to determine the message that the writer is trying to convey throughout the entire passage.

ここで言う「物語」は、勇敢さを語るものでも科学的でも正確でもない、「人間に都合がいいように解釈してきた」もので、「大きな間違いであることがわかってきた」と言っている。

61 答え 1

文構造を正確に読み取る力を問う問題。This question tests your ability to correctly analyze sentence structures.

「ヨーロッパの探検家たちは、ゴリラをとても凶暴で好戦的な動物と見なした。それは、〜ドラミングとよばれる行動を、戦いを宣言していると解釈したからだった」。

62 答え 2

文章の意味の把握と、文構造の理解によって答える問題。To figure out the answer to this type of question, you need to deduce the meaning of the passage and understand how the sentences are structured.

「30年以上も前〜まだゴリラは暴力的で恐ろしい動物と考えられていた。しかし〜このイメージは〜大きな間違いであることがわかってきた」という文で「このイメージ」が何を指すかを理解すること。

（2）

63 答え 3

本文で述べている「こういった学歴社会」とはどんな社会かを読み取る。一般的には「受験勉強」「有名大学に入る」ということが思い浮かぶが、本文では少し異なる。一般的な考えと異なる場合に、特に読み取りの正確さが求められる。Determine what type of society is meant by こういった学歴社会 as used in the passage. In general, this term refers to a society in which education focuses on preparing for entrance exams and getting into a prestigious university, but it has a slightly different meaning in this passage. When dealing with a topic that is presented with a nuance different from the commonly accepted definition, you need to make a bigger effort to correctly understand what is being said.

本文では、「ウェイトレスになる」には「食品産業やサービスの教育を受けて」いて、「女優になる」には「演劇学校を出て」いると有利というように、「勉強と仕事が強く結びついている」社会だと言っている。

64 答え 4

全体として、フィンランドでは教育についてどんな考え方なのかを把握することが大切。The key here is to analyze what the passage as a whole says about Finnish attitudes to education.

2段落目「（学校や家庭は）のんびりとした、おおらかな空気が漂っている」「やり直しがきく社会や環境があるおかげ」という部分から答えを選ぶ。

65 答え 2

最後の1文を理解し、それを言い換えているもの
を選ぶ。After understanding what the last sentence
says, you select the choice that best rephrases it.
「～という意識」の前の「教育は～自分の身を守
るため～能力を高めるための切り札であり～いず
れ自分にプラスになって返ってくる」という内容
を理解し、それを言い換えているものを選ぶ。

(3)

66 答え 3

第2段落に「日本語では～ものをいいます」とあり、
さらに「私は都市の～ついていくことができました」
と述べている。日本人であっても予備知識がない
と「まったく分からない」ことがあるということ
である。

67 答え 3

指示語の指す内容の理解を問う問題。This question
checks whether you are able to identify what is referred
to by the demonstrative.
「これ」はその前の「別々に学んだものが～ここ
から理解できる範囲がどんどん広がっていくこと
もあります」と述べている部分を指すので、その
内容を読み取る。

68 答え 4

第2段落全体が、背景知識を持っていることが通
訳の役に立った例として示されている。

問題12（統合理解 Integrated comprehension）

69 答え 2

Aは「こんな調査結果が出た」「～という結果も
出た」と述べてストレスについての調査結果の内
容を説明し、Bは「どうすればストレスを軽くす
ることができるか」という相談に「こんな調査結
果があります」と、調査結果をもとに答えている。

70 答え 3

Aは「だれかに話を聞いてもらうことがストレス
を軽くするのに有効だ」、Bは「ストレスをため
ないためには、だれかに聞いてもらうようにする
といい」と言っていて、これが共通点である。

問題13（主張理解（長文）
Thematic comprehension (Long passages)）

71 答え 3

「金というのは『数字』である」「数字にしないと
『気持ち』とか『心』なんてものは伝わらない」、
だから、金で解決するのはしかたがないと言って
いる。

72 答え 4

直前の段落で「仕返しも戦争も、これである」と
述べ、それが「どう考えても、正しくはない」と
している。仕返しというのは、「自分が怒ってい
るその相手の『悪事』を自分も働きたいという理
屈」から生じるものであると言っている。

73 答え 1

筆者の言いたいことを読み取るのは読解の基本で
ある。この文章では、問題を金で解決することに
ついて筆者がどう考えているかを理解する。One
of the fundamental skills of reading comprehension is
being able to recognize the message the writer is trying
to express. In this question, you need to ascertain what
the writer thinks about the idea of solving problems with
money.
冒頭の一文で「結局は金で解決するしかない」、
第2段落で「金で解決をしよう、というのが近代
的なシステムである」、第5段落で「金で解決す
る道を模索した方が賢明だ」のように、トラブル
を金で解決することに対する肯定的な考えが繰り
返し述べられている。

74 答え　3

右ページの必要な部分だけを読む。ここは「利用料金」の決まりに集中し、丁寧に金額を計算すること。For questions like this, read only the necessary parts of the information provided on the right page. In this case, focus on the rules regarding the 利用料金 and carefully calculate the amount.

夫婦が２名であることを忘れてはならない。夫婦（300円×２名）＋高校生（回数券2,000円）＋小学生（100円）＋幼稚園児（無料）＝2,700円となる。

75 答え　4

利用できる日にちを読み取る。「利用時間」と「休館日」が関連情報である。Identify the days on which the pool is open. 利用時間 and 休館日 point you to the relevant information.

通常なら「メイン」も「サブ」も使える日時だが、「休館日④その他の一般利用できない日」の可能性があるため、それを確認する必要がある。

聴解 Listening

問題1（課題理解 Task-based comprehension）

例 ♫ BPT_1_04

大学で男の学生と教授が話しています。学生は、このあとまず何をしますか。

M：先生、明日のプレゼンテーションの原稿ですけど、どうでしょうか。

F：そうですね、この前言った点がちゃんと直ってますね。

M：はい、全体の構成を、もっとはっきりさせるようにしました。

F：いいと思いますよ。それから、データも新しくしたのよね。

M：はい、ここです。最新のデータにして、内容もちょっと追加しています。

F：ええ、これでいいんじゃない？ 何度も声に出して読んでみた？

M：あ、それは、これから教室でやります。友達が、協力してくれるんで。

F：ああ、誰かに聞いてもらうというのがいいですね。えーとあとは、会場の機材、チェックしておくことね。

M：はい、それは明日の朝、会場に入ってすぐ確認します。どうもありがとうございました。

学生は、このあとまず何をしますか。

答え　3

1番 ♫ BPT_1_05

大学の実験室で研究生と男の人が話しています。男の人は、これからまず何をしますか。

F：今日は、実験にご協力ありがとうございます。この実験は、バナナとナシを食べた直後の頭の働きを比べようというものです。ではまず、皆さん二つのグループに分かれてください。

M：はい、バナナ・グループとナシ・グループですね。…はい、分かれました。

F：はい、ありがとうございます。では、各自、部屋のベッドに入ってよく寝てもらいます。そして、まだ寝ているうちに、スタッフが無理やり起こします。

M：えっ、無理やりですか。

F：ええ、半分寝てる状態が必要なんで、できるだけボーッとしててほしいんです。それからすぐ、それぞれの果物を食べていただきます。

M：はあ。

F：で、食べたらすぐに、簡単な計算をしてもらいます。小学生でもできるような簡単な計算です。

M：それで、バナナ・グループとナシ・グループ、どちらが正確にできるか調べるんですか。
F：そうです。果物に含まれる糖分の作用の違いを調べる実験です。
男の人は、これからまず何をしますか。

答え　2

最初の問いを聞き逃さないこと。「最初に・初めに・まず・すぐ」などいろいろな表現で問われるので注意する。Be sure not to miss the first question. It is introduced with various expressions, such as 最初に・初めに・まず・すぐ, so listen for them.

説明を聞いて、すでに終わっていること、これからすることとその順番を理解する。「では各自ベッドに入ってよく寝てもらいます」というところから答えを選ぶ。そのあとは、これからすることと実験の説明である。

2番　♬ BPT_1_06

休日の朝、夫婦が話しています。女の人は、何時に電話しますか。
M：ちょっと出かけるよ。駅前の本屋に行ってくる。そのあと本読みながらコーヒー飲もうと思ってるから、2時間ちょっとかな。今、9時だから、昼前に戻るよ。
F：あ、ちょうどよかった。悪いけど、ついでに本屋の隣のクリーニング屋さんに寄って、できたシャツ取ってきてくれないかなあ。えーと、今日の10時にはできてるから。はいこれ、引き取りのレシートね。
M：あー、わかったよ。じゃあ、帰りに寄るよ。あのさあ、本読んでるうちに忘れそうだから、スマホに電話してくれないかな。
F：あ、そうね。何時ごろがいい？
M：今からちょうど2時間後だね。
F：わかった。ところで今日は12時から、ICT開発のドキュメンタリーあるよ。見たいって言ってなかった？
M：あ、そうだ。その前に戻ると思うけど、念のため予約録画しといて。
F：うん、いいよ。じゃあ、行ってらっしゃい。
女の人は、何時に電話しますか。

答え　3

この問題は、いろいろな時間が出てくるので、聞きながらメモをとらないと答えるのが難しい。今9時で、電話するのは「ちょうど2時間後」と言っているので、11時。そのほかの時間に惑わされないように。

3番 ♬ BPT_1_07

店員と店長が、今日の仕事について話しています。二人はこれからまず何をしますか。

F：もうすぐ大規模セールだから、今日はすごく忙しいですね。手際よく仕事しないといけないです。

M：そうだね。確認しとこう。今日終わらせるのは、お客さんへのダイレクトメールの発送、それからホームページの更新。

F：そうですね、ダイレクトメールの作業の方はもうほとんど終わってますから、出すだけでいいんです。あまり時間がかからないから、最後でいいでしょうね。

M：じゃあそれは、あとで、と。ホームページのほうはどうですか。

F：そうですね。商品の在庫チェックをしてからのほうがいいと思うんで、午後にしたらどうでしょうか。在庫チェックはちょっと時間がかかりますから、優先したいんです。

M：じゃあそうしましょう。ほかに、しとかないといけないことは…。

F：セール中の飾りの確認が必要ですけど、それは、ホームページ更新のあとでいいと思います。

M：わかりました。じゃあ、一緒に始めましょう。

二人はこれからまず何をしますか。

答え　4

タスクの優先度・順番を問う問題。This question is about the priority/order of the tasks.

これからするべきこととその優先順位を聞き取る。「(ホームページの更新は)商品の在庫チェックをしてからのほうがいい」「在庫チェックは時間がかかるから優先」という部分から答えを選ぶ。

4番 ♬ BPT_1_08

会社で課長と男の社員が話しています。社員はこのあとまず何をしますか。

F：大阪食品の社長たちがいらっしゃるのは明日ね。大事な会議だから、失敗のないようにしたいんだけど、準備はどう？

M：はい、課長。いちばん大きいA会議室を、もうセッティングしてあります。えーと、これ、画像です。テーブルの入リ口側に当社、奥に先方の方で。いすも人数分以上あります。これでいいですね？

F：そうね、いいね。で、プレゼン用の機材は試してみた？

M：ええ、スクリーンを設置して、パソコンとプロジェクターはつないで、試してみました。プレゼンのデータも大丈夫です。明日、もう一度会議の前に使ってみます。

F：それから、紙の資料は？

M：それなんですけど、ちょっと数字の確認をしたいと思って。部長にきいて確かめたいところがあるんです。今部長お出かけで、午後お帰りなんで。

F：わかった。じゃあ、そのあとで、資料をコピー、お願いね。封筒に入れて、セットし
　　てくれる？

M：わかりました。

社員はこのあとまず何をしますか。

答え　4

すでに終わったことと、これからすることを聞き取る。「紙の資料」をこれから準備するが、その中の数字を確認しなければならず、「部長が帰って来たら聞く」ということから答えを選ぶ。

5番　♬ BPT_1_09

コーヒーショップで、店長とアルバイトの人が話しています。店長はこれからどう改善しますか。

M：先月から、朝の時間帯のアルバイトの人数を増やしましたが、効果はどうですか。通
　　勤のお客さんを待たせることがなくなりましたね。

F：はい、それはとてもよかったです。朝のコーヒーの注文、かなり速く対応できるよう
　　になりました。

M：あと、この前コーヒーのカップの置き場所を変えるアイデアを出してもらって、ずい
　　ぶん効率的にコーヒーが出せるようになりましたね。

F：そうですね。ああそうだ、あの、ドーナツやパンはショーケースに入れないで、カウ
　　ンターの上に置いたらどうかと思うんですけど。朝だけでも。

M：ふうん。どうしてそう思ったんですか。

F：この前、朝見えたお客さんが、コーヒーと一緒に何かパンが食べたいけど選んでる時
　　間がないって、おっしゃってるのを聞いたんです。だから…。

M：ああ、そうしましょう。ガラスのカバーのあるお皿にパン類を並べて、カウンターの
　　上に置きましょう。うん、ドーナツがもっともっと売れるかもしれないね！

F：そうですね、そうなったら数を増やしてください。

店長はこれからどう改善しますか。

答え　3

今の状態の理解と、それをどう変えるかを判断する問題。This question challenges you to understand the current situation and determine how it will change.
店員の「（客がすぐ選べるように）パン類をケースに入れないで上に置く」という提案を実施する。

問題2（ポイント理解 Point comprehension）

例 ♫ BPT_1_11

学校で男の学生と女の学生が話しています。男の学生はどうして今日遅刻しましたか。

M：今日、大事なテストだったのに遅刻しちゃって、焦ったよー、ほんとに。

F：どうして遅刻したの。ゆうべ遅くまで勉強してて、寝坊したとか？

M：いやー、遅くまで勉強はしたけど、朝ちゃんと起きて、いつもの電車に乗ったんだよ。それで、普段だったら寝てしまうところなんだけど、今日は気をつけようと思ってしっかり起きてた。電車の中でテスト勉強さえしたんだよ。

F：へえ、そうだったんだ。じゃあなぜ？

M：ハッと気が付いたら降りる駅で、あわてて降りたらさあ。

F：あー、電車の中に忘れた？　何を？

M：スマートフォン。すぐ駅の事務所に行って、確認してもらってて…。

F：そうか、まあしょうがないよね。

男の学生はどうして今日遅刻しましたか。

答え　3

1番 ♫ BPT_1_12

大学の事務室で、学生と職員が講師の募集広告を見ながら話しています。学生がＡＣＣ学院の講師募集に応募できないのはどうしてですか。

M：すみません、このＡＣＣ学院の講師募集、申し込みたいんですが。…あれ？　締め切り日、過ぎてるんじゃないですか？

F：ああ、ごめんなさい、まだ必要人数に満たないってことで、締め切りを延ばしたいって、今日電話があったんです。今、書き直しますね。

M：そうですか、じゃよかった。えーと、応募資格は…あ、実習が必要なんだ、僕、実習まだなんです。

F：ああ、ここは実習が終わってないと応募できないんですよ。えーと、じゃあこちらにも講師募集がありますけど、どうですか。

M：あ、これは面接の日がちょうど実習と重なってて、無理なんです。

F：そうですか。じゃあ、実習が終わったら、来てみてください。

M：はい、そうします。

学生がＡＣＣ学院の講師募集に応募できないのはどうしてですか。

答え　3

話題になっている学院に応募する条件を学生が満たしているかどうかを聞き取る。「実習がすんでいること」
という条件があり、学生は実習をまだしていない。

2番 🎵 BPT_1_13

区役所の担当者二人が話しています。ホームページのお知らせをどう直しますか。

M：ホームページの「区民の皆さんへのお知らせ」だけど、ちょっと直したほうがいいで
　　すね。

F：あ、はい、どういうところでしょうか。

M：最近は外国人の住民の方も多くなってきたから、そのことを考えたほうがいいと思う
　　んですよ。

F：ああ、日本語がわかりにくいんでしょうか。

M：そうそう。普段使ってない言葉が多いんですよね、この文章は。日本語としては正し
　　くても、日常の生活で使う言葉じゃないと。

F：わかりました。あと、文字の量はどうですか。もう少し、少なくしますか。

M：うーんそれは、言葉を直してから考えましょうか。もしかすると写真やイラストなん
　　かも入れて、さらにわかりやすくしたほうがいいかもしれないから。

F：はい、すぐやります。

ホームページのお知らせをどう直しますか。

答え　1

アドバイスを聞いてその通りにするというタイプの問題。This type of question focuses on listening to advice
and doing as told.

最初に「直したほうがいい」と言っているので、そのあとの会話をよく聞くこと。男の人が「外国人の
住民の方も多くなってきた」と言い、女の人が「日本語がわかりにくいんでしょうか」と聞いている。
男の人も、そうだ、と言っている。

3番 🎵 BPT_1_14

男の人と女の人がお風呂について話しています。男の人はどうしてお風呂がいいと言っていますか。

M：この記事によると、20代の人たち、3割がシャワーしか浴びてないんだって。ちょっ
　　と信じられないなあ。

F：そうですね、お風呂は何といっても体が温まってリラックスしますよね。血行がよく
　　なるので、健康的ですしね。

M：そうだね、お風呂に入ったあとはぐっすり眠れるっていう人、多いよね。でも僕のお風呂の効用は、ちょっと違うんだよ。入ったあとじゃなくて、入っている最中に意味があるんだ。

F：え、もしかしてお風呂に入っているとき、本を読むとかですか?

M：いやいや、本じゃなくて、音楽。自分の好きな音楽をゆっくり聴く時間は、お風呂が最高だよ。音もいいしね。

F：えー、何で聴いてるんですか。湯気は機材に悪いですよ。

M：大丈夫、風呂場の外にスマートフォン置いてスピーカーセットしてるから。

男の人はどうしてお風呂がいいと言っていますか。

答え　3

男の人が「僕のお風呂の効用はちょっと違う」と言っているところから、そのあとを注意して聞く。「自分の好きな音楽をゆっくり聴く時間は、お風呂が最高だ」と言っている。

4番 ♫ BPT_1_15

男の人と女の人が料理をしながら話しています。女の人は、卵をどのようにしてほしいと言っていますか。

F：ねえ、この卵、かき混ぜてくれる?　あ、軽くね。あんまり何回もかき混ぜないでね。

M：えっ、そうなんだ。なんで?

F：卵焼きだからね。ふわっとしたおいしい卵焼きを作るには、かき混ぜすぎちゃいけないのよ。ほら、黄身の周りに、白身が盛り上がったところがあるじゃない?　それがね、大事なの。

M：ああ、このちょっと固そうに見えるところ?　これを壊しちゃいけないってこと?

F：そうそう。おいしい卵焼きは、そこのところから作られるんだって。だから3、4回でいいんだよ。

M：へえーそうなんだ。ねえ、でもこの前は、よく混ぜてって言ってなかった?

F：ああ、あのときは卵の巻きずしを作ったからね。薄い卵焼きは、よく混ぜるんだよ。ふっくらしてないほうがいいわけだから。

女の人は、卵をどのようにしてほしいと言っていますか。

答え　2

女の人が最初に「あまり何回もかき混ぜないで」と言っているところを理解すればやりやすい。その後、なぜそうなのかを説明し、「ふわっとしたおいしい卵焼きを作るには、かき混ぜすぎちゃいけない」「3、4回でいい」と再び言っている。

5番 ♫ BPT_1_16

男の人と女の人が、町のプロモーションビデオについて話しています。女の人は、どんな点がいちばんいいと言っていますか。

F：今年のプロモーションビデオ、見ましたよ、すごくよくできていますね。

M：あ、ありがとうございます。どんな点がよかったか、具体的に聞かせていただけるとありがたいんですけど。

F：私がいちばんいいと思ったのは、全然特別な人が出ていないこと。去年は若者に人気の人を起用したんでしたね。あれはあれでよかったけどね。

M：そうですね。今回は、普通の人の普通の日を前面に出しました。けっこう好評ですよね。あと、前回同様、映像が美しいという方も多かったんで、安心したんですけど。

F：ああ、もちろんきれいですよ。この町の様子がよく出ているし。音楽も映像と合っていますね。言葉が少ないから、かえって一つ一つの言葉が印象に残りますね。でもいちばんいいのは、何といってもさっきの点です。

M：ありがとうございます。

女の人は、どんな点がいちばんいいと言っていますか。

答え　2

男の人が最初に「どんな点がよかったか、具体的に聞かせていただけると〜」と言っている部分から注意して聞く。「（いちばんいいのは）特別な人が出ていないこと」「普通の人の普通の日を前面に出した」ということから答えを選ぶ。前回のビデオと混同しないこと。

6番 ♫ BPT_1_17

男の人と女の人が、乗り物酔いについて話しています。男の人が一度酔わなかったのは、どうしてですか。

F：うちの子供、乗り物に弱くて、車に乗るとたいてい乗り物酔いするんです。

M：ああ、僕も子供のときは車に乗ってるとよく気持ちが悪くなりましたよ。大人になれば自然に治るんじゃないですか。

F：ええ、私もそう思ってるんですけど、今はねえ。子供、薬を飲んでるんですけど、あんまり薬に頼るのもよくないと思って。

M：そうですか。あの、僕、一度、面白い方法で酔わなかったんですよ。

F：え、どんな方法ですか。

M：親に薬だって言われて飲んで、そう信じ込んでたんだけど、あとで、ただのビタミン剤だったってわかって。

F：ああ、そうなんですか。で、酔わなかったんですか。

M：ええ、全然。快適なドライブでしたよ。まあ、何度もはできない方法ですけどね。

男の人が一度酔わなかったのは、どうしてですか。

答え　3

男の人が「一度、面白い方法で酔わなかった」と説明し始めている部分から注意する。「薬だって言われて飲んで、そう信じ込んでた」ということから、答えを選ぶ。

問題3（概要理解 Summary comprehension）

例　♬ BPT_1_20

留守番電話を聞いています。

F：あ、山田です。すみません、明日の、映画見に行く約束だけど、明後日に変えてもらえないかと思って。ごめんね。急にアルバイトの代わりを頼まれちゃって、断れなくて。あの、映画見たあと、カフェとか行くでしょ？　ケーキおごるよ。絶対ダメだったら連絡して。それじゃあ。

山田さんがいちばん言いたいことは何ですか。

1．明日映画を見に行くこと
2．約束の日を変えてほしいこと
3．アルバイトを代わってほしいこと
4．一緒にケーキを食べること

答え　2

1番　♬ BPT_1_21

栄養の専門家が話しています。

M：玉ねぎは古くから栄養のある食べ物として知られていました。生でもおいしいし、煮物でも炒めてもいいですね。さて、日本には200年くらい前に海外から紹介されて、栽培しようとしましたが、食用としては受け入れられなかったんです。ところが、19世紀の終わりに当時流行した病気に効くといううわさが流れて、みんなが食べるようになったんですよ。それはただのうわさだったんですけどね。

専門家は何について話していますか。

1．玉ねぎの栄養
2．玉ねぎの日本での広まり方
3．玉ねぎの料理の仕方
4．玉ねぎが病気を治した例

答え　2

玉ねぎの何について話しているかを聞き取る。「さて、〜」という言葉は改めて主題を述べるときに使うので、このあと気をつけて聞くといい。「日本には〜」から「〜食べるようになった」まで、日本での広まり方について話している。

2番　♫ BPT_1_22

ラジオで女の人が話しています。

F：目は口ほどにものを言う、つまり目を見ると考えてることがわかる、って言いますけど、本当です。例えば、デパートの紙で包装された贈り物を見るのと、白い紙で包まれた箱を見るのとでは、目の黒いところの大きさが違うんです。うれしいって思うと、目の黒い部分が大きくなるんですよ。これは実験で証明されている事実です。皆さんも何かもらうと、うわーって思うでしょう。目にはっきりと現れるんですよ。

女の人は何について話していますか。

1．人間の感情と目の変化
2．デパートでの商品の包み方
3．目と口の動き方の違い
4．贈り物をするときのマナー

答え　1

目について話していることにまず気がつくこと。「目の黒いところの大きさが違う」ことが話されているが、「うれしいって思うと〜」「うわーって思う」というところから、感情と瞳の変化について話していることを聞き取る。

3番　♫ BPT_1_23

市役所の担当者が話しています。

M：市役所ではいろいろなボランティアを紹介しています。えー、お年寄りの話し相手になる、小学校の手伝いをする、観光客の方を案内する、などなど。ボランティアはお金をもらわない仕事っていうふうに考えられていますが、そうではないんです。私たちの住んでいるこの社会を住みやすくする活動なんです。ですから、お互いに、してあげたり、してもらったりすることが大事です。僕も今までしてもらってばかりだったんですけど、これからする側になろうと思います。

担当者は主に何を話していますか。
1．ボランティアの意義
2．ボランティアの体験
3．ボランティアの種類
4．ボランティアの欠点

答え　1

ボランティアについて話しているのだが、この話を一つの語で表現するとどんな言葉がふさわしいか。あとで聞く選択肢の中から選ぶので、頭の中にいくつか言葉が浮かぶといい。例えば「ボランティアの大事なところ」「ボランティアをする意味」など。その言葉が、選択肢の「意義」という語に結び付く。

4番　♬ BPT_1_24

子供食堂の運営の責任者が話しています。
F：私たちは、一人で食事をしなければならない子供のために、無料で食事を提供している団体です。今、おかげさまで、小学生から中学・高校生、お年寄りまで、たくさんのご支援のお申し出をいただいています。本当に感謝しております。ただ、大変申し訳ないんですが、そういうお申し出をお電話で受け付けるだけの人手がありません。どうぞ、ご支援のお申し出は、お電話ではなく子供食堂のホームページを通していただけますよう、お願いいたします。
責任者がいちばん言いたいことは何ですか。
1．子供食堂についての問い合わせの多さ
2．子供食堂を助けている人たちの紹介
3．子供食堂を使いたい場合の連絡方法
4．子供食堂を助けたい場合の連絡方法

答え　4

「感謝しております」までは「お礼の気持ち」を伝えているが、いちばん言いたいことは「ただ、大変申し訳ないんですが〜」から始まる。「ご支援のお申し出」という言葉の意味がわからなくても、誰にお礼を述べているかと「ホームページを通してほしい」と言っていることから推測すること。

テレビで、男の人が話しています。

M：俺は、マンガが好きでずっと読んできたんです。マンガはダメ、本を読めって子供の
ときから言われてきたけど、そうじゃない、今自信をもって言える。いい作品を読めば、
小説を読むのと同じ、俺たちに人生を教えてくれるんだ。もちろん何でもいいという
わけじゃなく、読むべきものを読まないといけない。そのためには、情報が大事。今
はインターネットがあるから情報を取るのは簡単です。賞を取った作品、いい物を書
いている作家の作品、評論家が勧めている作品の中から選んで読んでみるといい。絶
対、感動があるはずだから。

男の人は何について話していますか。

1．マンガはよくないと言われた理由
2．マンガではなく、小説を読む大切さ
3．いいマンガ作品の選び方
4．自分のいちばん好きなマンガ作品

答え　3

話し手が「マンガは読む価値がある」と言っている点、「いい作品を選ばないといけない」と言っている
点をまず聞き取る。そして「そのためには、情報が大事。〜」以降、作品の選び方を話している。

例 ♫ BPT_1_27

M：それでは、お先に失礼します。
F：1．お疲れさまでした。
　　2．どうぞお入りください。
　　3．いいえ、どういたしまして。

答え　1

1番 ♬ BPT_1_28

F：その豆腐、古いんじゃない？　食べないほうがいいんじゃないの？
M：1．そうだね、やめとこう。
　　2．そうだね、まだ古くなってないね。
　　3．いやいや、もう古くなってるよ。

答え　1

〜んじゃない？／〜んじゃないの？＝〜と思うけど、どうか

2番 ♬ BPT_1_29

M：昨日家に帰るとき、電車、乗り過ごしちゃったよ。
F：1．そうよね、電車に乗るって楽しいよね。
　　2．そうなの？　電車の中で寝ちゃったんでしょう。
　　3．へえそう。電車に間に合わなかったって、どうして？

答え　2

乗り過ごす＝降りるべき駅で降りず、先の駅までそのまま乗ってしまうこと。

3番 ♬ BPT_1_30

F：私、コミュニケーション能力が欠けてるような気がするんです。
M：1．そうですね、すごく社交的でいらっしゃいますよね。
　　2．コミュニケーションについて何か書くんですか。
　　3．いいえ、コミュニケーション能力、十分あると思いますよ。

答え　3

〜が欠けている＝〜が、必要なだけの分量がない　〜が不足している

4番 ♬ BPT_1_31

M：もうこのドラマ、飽きたなあ。

F：1．あきらめなくてもいいんじゃない？

　　2．私も、あしたは空けてあるよ。

　　3．毎回同じようなストーリーだからね。

答え　3

飽きる＝同じことがずっと続いて、それ以上しようという気がなくなる。

5番 ♬ BPT_1_32

F：今日は、歩きやすい靴をはいて来ればよかった。

M：1．そうだね、足が痛くなるかもしれないね。

　　2．そうだね、たくさん歩けていいよね。

　　3．ここは、靴をはいたまま入ってもいいよ。

答え　1

〜ばよかった＝〜なかったけれど、〜たほうがよかった（後悔の気持ちを述べる）　例 もっと勉強すれば<u>よかった</u>。（＝勉強しなかったけど、勉強したほうがよかった。）

6番 ♬ BPT_1_33

M：せっかくみんなで話し合って決めたんだから…。

F：1．その通りよね、よく話し合ったほうがいいよね。

　　2．そうよね、決めたことを実行しましょう。

　　3．そうよね、結論は出なかったよね。

答え　2

せっかく〜（した）んだから：〜（した）ことを無駄にしたくない気持ちを伝えている。

7番 ♬ BPT_1_34

F ：すみません、このレポート、見てもらってもいいですか。
M：1. いいですよ、見てください。
　　2. いいですよ、見せてください。
　　3. はい、見せてもいいですよ。

答え　2

この場合の「見る」＝チェックする　※返答が「見せてください」となることに注意。
〜てもらってもいいですか：「〜てください」と同じ意味で使う。

8番 ♬ BPT_1_35

F ：お客様がお見えになりました。
M：1. じゃあ応接室にお通ししてください。
　　2. いいえ、何も見えません。
　　3. はい、拝見します。

答え　1

お見えになる＝いらっしゃる　「来る」の尊敬語

9番 ♬ BPT_1_36

M：エイミーさん、私の子供に英語を教えてやってくれませんか。
F ：1. いいですよ、教えてもらいます。
　　2. いいですよ、教えてやってください。
　　3. いいですよ、お教えします。

答え　3

〜てやる＝（目下に）〜てあげる
〜てやってくれませんか＝（自分の子などに）〜てあげてほしい

10番　♬ BPT_1_37

> F：あなたは悪くないんだから、謝ることないんじゃないですか。
> M：1．そうですね、謝ってきます。
> 　　2．いや、やっぱり謝りますよ。
> 　　3．いいえ、謝ったこともありますよ。

答え　2

〜こと（は）ない＝〜（する）必要はない

11番　♬ BPT_1_38

> M：もっと先のことを考えて、計画しましょう。
> F：1．そうだね、将来のことを考えないとね。
> 　　2．そうね、過去の経験は大事だね。
> 　　3．もう計画、立てちゃったの。

答え　1

先のことを考える＝将来のことを考える　※「先」の使い方に注意すること

12番　♬ BPT_1_39

> F：上野さんって、足が速いけど、サムさんほどじゃないんだって。
> M：1．サムさん、そんなに速いの。
> 　　2．やっぱり上野さんが一番かー。
> 　　3．そうだよ、サムさんは速くないよ。

答え　1

〜けど、○○ほどじゃない＝〜の程度は高いが、○○のほうがもっと高い　例 アメリカの人口は多いけど、中国ほどじゃない。

問題5（統合理解 Integrated comprehension）

1番 ♫ BPT_1_41

大学で、女の教授と学生がトークイベントについて話しています。

F：このトークイベント、今回はロボット工学について専門家が話すんです。行ってみませんか。勉強になると思いますよ。

M：あ、エド・トークですか。すごく面白いそうですね。はい、僕、行きます。

F：チケットは、4種類あるんですよ。えーと、安いほうからね。まずロボット工学の話だけ聞く、これは2,000円。それからもう一つのトークもあわせて聞くと4,000円。トークのあとでスピーカーと話をするセッションに出る、6,000円。最後にそのあとのレセプションも含めて一日中参加する、8,000円ですって。

M：もう一つのトークって、何ですか。

F：それが面白いんですよ。西洋アートの歴史。

M：えっ。僕、関係ないなあ。西洋絵画とか、全然知らないし。

F：いいえ、それは違いますよ。科学と芸術は共通点がたくさんあります。芸術の心を持ってこそ、いい科学者になれるのよ。

M：ああ、そういえば僕の高校の先生もそう言ってました。

F：そうでしょう。この機会に、ぜひ聞いてみてください。

M：そうですね、そうします。

F：あと、スピーチした人と話すのもいい経験だと思うけど、どう？

M：そうですね、ぜひ直接話したいです。じゃあ、8,000円はちょっと無理なんで、それで。

学生は、いくらのチケットを買いますか。

1. 2,000円
2. 4,000円
3. 6,000円
4. 8,000円

答え　3

このような問題は、一つ一つきちんとメモをとっていかないとわからなくなるので注意。This type of question can be confusing if you don't keep close track by taking notes on all the key points.

教授が4種類を説明しているときに、必ずメモをとること。そうすれば、あとの話をきちんと聞く余裕が生まれる。学生は、「ロボット工学の専門家の話＋西洋アートの話＋スピーカーと話すセッション」で、6,000円のチケットを買う。

市民グループの三人が、話し合いの場所について話しています。

M　：観光案内ポスターを作るのに、一回三人でじっくり話し合ったほうがいいと思うんだよね。明日の午後は、どう？

Ｆ１：いいよ。どこで話す？　市営図書館近いけど、話ができないしね。

Ｆ２：そうだよね。近くのカフェテリアはどう？　時間帯によっては静かだし、けっこう長くいても平気だし。

M　：でもちょっとざわざわしてるからなあ。図書館のスタディルームが借りられないかなあ？

Ｆ２：私さっき今週の空き具合を調べてみたんだけど、もう明日は予約でいっぱいなのよね。

Ｆ１：じゃあ、私のうちはどう？　中学生の子供が一人いるけど、大丈夫よ。

Ｆ２：えっ、いいの？　おじゃまでしょう。

M　：そうだよ、悪いよ。やっぱり外がいいから、市役所の食堂にしない？

Ｆ１：いやー、集中して話さなきゃならないんだし、私たちだけがいられる部屋がいいんじゃない？　子供、自分の部屋にいるから大丈夫よ。

M　：えー。じゃあ、何かお子さんにお菓子でも買っていこうか。

Ｆ２：そうだね、それがいいんじゃない。

三人はどこで話をすることになりましたか。

1．図書館
2．カフェテリア
3．女の人の家
4．市役所の食堂

答え　3

挙げられた場所をメモしながら聞くこと。話の内容によって候補の場所を消去していく。中学生の子供がいるが、「子供（は）、自分の部屋にいるから大丈夫」「じゃあ、〜お子さんにお菓子でも買っていこう」と、最後に女の人の家に行くことで合意している。

3番 ♫ BPT_1_43

市民講座の担当者の説明を聞いて、夫婦が話しています。

M1 ： 今日の市民講座はまず4つのグループに分かれます。ご自分の興味あるテーマを選んで、その色のカードを置いてあるコーナーに集まってください。では説明します。まずあちらの角は赤コーナー、これは「健康的に食べる」。食品の栄養と安全性について話し合います。次、お隣の角は青コーナー、「自分を測ろう」。体脂肪、筋肉量、内臓脂肪量についてどんな数値が理想的か調べます。次は緑コーナー、「植物を愛する」。ベランダでもできるハーブや野菜などの栽培についてです。最後、白コーナー「町を散策」、この町の散歩ルートを作ります。

F ： 青はいやよねー。みんなの前で自分の体脂肪測るなんて、とんでもないわよ。

M2 ： 別に測る必要はないみたいだよ。でも、そういうことを知っておくのも重要なんじゃないか？

F ： じゃあ、あなた、それにすれば。私は、そうねー、植物の栽培かな。

M2 ： えー、野菜を作るって言って、いつだって枯らせちゃうじゃないか。無理だよ。

F ： できないからこそ、今日学ぶのよ。…とはいっても、確かに私には無理かもしれない。じゃあ、食べる物の大事さ、あそこに行くわ。

M2 ： 食べ物、いいんじゃない。じゃあ、僕は散歩で。

F ： えっ、測定じゃないの。

M2 ： うちの体重計、体脂肪も測れるだろ？　あれでいいよ。

F ： 安易ねー。

質問1．女の人はどのコーナーに行きますか。

質問2．男の人はどのコーナーに行きますか。

質問1　答え　1

このような問題は、最初の説明部分できちんとメモをとっておかないと、できなくなる。Unless you take good notes on the explanation at the beginning, you'll have a very hard time answering this type of question.

最初の話をよく聞き、各コーナーの色とその内容を正しくメモしておくこと。女の人は、最初は植物がいいと言っていたが、考えを変えて食べ物のコーナー（赤）に行く。

質問2　答え　4

男の人は散歩のコーナー（白）に行くと言っている。最初に体脂肪を測る話題が出てくるが、最終的には二人とも選ばないので、最後まで気を抜かずに聞くこと。

採点表 Scoresheet Ｎ２第１回

得点区分別得点 Scores by scoring section												
言語知識（文字・語彙・文法） Language Knowledge (Vocabulary/Grammar)				読解 Reading				聴解 Listening				
大問 Question	配点 Points	正解数 Correct	得点 score	大問 Question	配点 Points	正解数 Correct	得点 Score	大問 Question	配点 Points	正解数 Correct	得点 Score	
問題1	1点×5問		/5	問題10	2点×5問		/10	問題1	2.5点×5問		/12.5	
問題2	1点×5問		/5	問題11	3点×9問		/27	問題2	2点×6問		/12	
問題3	1点×5問		/5	問題12	3点×2問		/6	問題3	2.5点×5問		/12.5	
問題4	1点×7問		/7	問題13	3点×3問		/9	問題4	1点×12問		/12	
問題5	1点×5問		/5	問題14	4点×2問		/8	問題5(1番)	3点×1問		/3	
問題6	1.2点×5問		/6					問題5(2番)	3点×1問		/3	
問題7	1点×12問		/12					問題5(3番)	2.5点×2問		/5	
問題8	1.5点×5問		/7.5									総合得点 Total score
問題9	1.5点×5問		/7.5									
合　計			/60	合　計			/60	合　計			/60	/180
	目標点：22点				目標点：22点				目標点：22点			第1回の目標点：90点

【 公表されている基準点と合格点 The official sectional passing score and total passing score 】

基準点：19点	基準点：19点	基準点：19点	合格点：90点

※「基準点」は合格に必要な各科目の最低得点です。合計点が「合格点」の90点以上でも、各科目の点が一つでもこれを下回ると不合格になります。基準点 (sectional passing score) is the minimum score required for passing a particular section. Examinees must achieve or exceed the sectional passing score for all sections to pass the JLPT.

※「配点」は公表されていません。この模擬試験独自の設定です。The number of points awarded for each question is not officially announced. The points listed above are only for this practice test.

※「目標点」は、本試験に絶対合格するためにこの模擬試験で何点取る必要があるかを示したものです。通常は、本試験では模擬試験よりも低い点数になるので、公表されている基準点と合格点よりも高めに設定しています。また、総合得点の目標点は、回を重ねるごとに高くなっています。 目標点 (target scores) are the scores you need to get in this practice test to put yourself in position to pass the JLPT. The target scores have been set higher than the announced passing scores since scores in real tests tend to be lower than in practice tests. The target total score progressively rises for the three practice tests in this book.

【ベスト模試 第1回】

N2 言語知識（文字・語彙・文法）・読解 Language Knowledge (Vocabulary/Grammar)·Reading

受験番号 Examinee Registration Number	
名前 Name	

〈ちゅうい Notes〉

1. くろいえんぴつ（HB、No.2）でかいてください。
   Use a black medium soft (HB or No.2) pencil.
   （ペンやボールペンではかかないでください。）
   (Do not use any kind of pen.)
2. かきなおすときは、けしゴムできれいにけしてください。
   Erase any unintended marks completely.
3. きたなくしたり、おったりしないでください。
   Do not soil or bend this sheet.
4. マークれい Marking Examples

よいれい Correct Example	わるいれい Incorrect Examples
●	⊘ ◍ ◯ ⊙ ⊜ ◑ ⬭

問題 1

1	3
2	2
3	1
4	4
5	2

問題 2

6	4
7	1
8	3
9	2
10	3

問題 3

11	2
12	4
13	3
14	1
15	3

問題 4

16	2
17	3
18	1
19	4
20	1
21	2
22	3

問題 5

23	3
24	1
25	4
26	4
27	1

問題 6

28	2
29	4
30	3
31	2
32	4

問題 7

33	3
34	2
35	3
36	4
37	2
38	3
39	1
40	3
41	4
42	2
43	3
44	1

問題 8

45	3
46	1
47	3
48	4
49	1

問題 9

50	1
51	2
52	4
53	3
54	4

問題 10

55	1
56	3
57	1
58	3
59	2

問題 11

60	4
61	1
62	2
63	3
64	4
65	2
66	3
67	3
68	4

問題 12

| 69 | 2 |
| 70 | 3 |

問題 13

71	3
72	4
73	1

問題 14

| 74 | 3 |
| 75 | 4 |

解答一覧 Answers

N2 聴解 Listening

受験番号 Examinee Registration Number		名前 Name	

〈ちゅうい Notes〉

1. くろいえんぴつ(HB、No.2)でかいてください。
   Use a black medium soft (HB or No.2) pencil.
   (ペンやボールペンではかかないでください。)
   (Do not use any kind of pen.)
2. かきなおすときは、けしゴムできれいにけしてください。
   Erase any unintended marks completely.
3. きたなくしたり、おったりしないでください。
   Do not soil or bend this sheet.
4. マークれい Marking Examples

よいれい Correct Example	わるいれい Incorrect Examples
●	⊘ ◌ ⊖ ⊙ ⊜ ◐ ◗

問題 1

例	①	②	**③**	④
1	①	**②**	③	④
2	①	②	**③**	④
3	①	②	③	**④**
4	①	②	③	**④**
5	①	②	**③**	④

問題 2

例	①	②	**③**	④
1	①	②	**③**	④
2	**①**	②	③	④
3	①	②	**③**	④
4	①	**②**	③	④
5	①	**②**	③	④
6	①	②	**③**	④

問題 3

例	①	**②**	③	④
1	①	**②**	③	④
2	**①**	②	③	④
3	**①**	②	③	④
4	①	②	③	**④**
5	①	②	**③**	④

問題 4

例	**①**	②	③
1	**①**	②	③
2	①	**②**	③
3	①	②	**③**
4	①	②	**③**
5	**①**	②	③
6	①	**②**	③
7	①	**②**	③
8	**①**	②	③
9	①	②	**③**
10	①	**②**	③
11	**①**	②	③
12	**①**	②	③

問題 5

1		①	②	**③**	④
2		①	②	**③**	④
3	(1)	**①**	②	③	④
3	(2)	①	②	③	**④**

N２ 第２回 模擬試験
N２ Practice Test 2

解答と解説
Answers and Comments

問題1（漢字読み *Kanji* reading）

1 答え 2

【地】ジ・チ 例 地震 地主 地面 地下鉄 地域 土地
※「ジ」「チ」の二通りの音読みがあるので注意する。
Keep in mind that this character has two readings, ジ and チ.
【元】ゲン・ガン・もと 例 元気 次元 復元 元日 根元 胸元 ※「ゲン」と読む語が多い
地元：そのことに直接関係のある土地 現地 the local area

2 答え 4

【立】リツ・た-つ／てる 例 立派 独立 国立
【場】ジョウ・ば 例 会場 工場 場合 場所 場面
立場：その人がおかれている地位、境遇、条件など position, one's shoes

3 答え 1

【数】スウ・かず・かぞ-える 例 数学 数字 多数
数々（の）：数や種類の多いこと。たくさんの。 many

4 答え 3

【改】カイ・あらた-まる／める
改めて：別の機会に again, some other time ※副詞として使う
改める：悪い点を直してよい物にする きちんとした態度をとる mend, reform, improve
1 諦める：望んでいたことが実現不可であること を認め、望みを捨てる give up, abandon
2 温める／暖める：熱を加えて適度な温度にまで上げる heat/warm up
4 当てはめる：ちょうどよく合うようにする apply, fit

5 答え 4

【主】シュ・ぬし・おも-な 例 主体 主観 持ち主 飼い主
主：中心となる人／こと 大切な 第一の
【張】チョウ・は-る 例 緊張（する） 出張（する）
主張（する）：いつも持っている強い意見や考え claim, assert

問題2（表記 Orthography）

6 答え 2

【得】トク・え-る・（う-る） ※「う-る」は辞書形だけ使う
【意】イ 例 考え 気持ち 意味
得意（な）：上手でそのことに自信がある 人に自慢したい気持ちを持っている様子 be good at

7 答え 3

【祈】キ・いの-る 例 祈願（する）
祈る：神や仏に願う 心から願う pray
1【神】シン・ジン・かみ 例 神経 神話 神社 神様 女神
2【礼】レイ 例 失礼 礼儀
4【祝】シュク・（シュウ）・いわ-う 例 祝日 お祝い ※「シュウ」はあまり使われない。シュウ is rarely used.

8 答え 4

【変】ヘン・か-わる／える
【更】コウ・さら-に・ふ-ける　例 夜更け：夜、非常に遅い時間
変更（する）：変える change, revise

9　答え　1

【削】サク・けず-る　例 削減（する）　鉛筆／予算を削る
【除】ジョ・（ジ）・のぞ-く　例 解除（する）　免除（する）　※「ジ」は掃除だけ覚える
意 取って捨てる　あるものの範囲に加えない
削除（する）：文章などの一部を削って除くこと delete

10　答え　4

【補】ホ・おぎな-う　例 補助　補欠
補う：足りないところに足す。　make up for, compensate
1 【保】ホ・たも-つ　意 持ち続ける　守る
2 【護】ゴ　例 保護（する）　弁護（する）：守る　助ける
3 【捕】ホ・と-る・と-らえる・つか-まえる

問題3（語形成　Word formation）

11　答え　3

【諸】ショ　意 いろいろな　いくつかの　多くの
例 諸外国　諸事情　諸費用
諸問題：いろいろな問題 various problems
1 【複】フク　意 重なる　二つ以上ある
2 【皆】カイ・みな　意 すべて　残らず
4 【雑】ザツ・ゾウ　意 いろいろなものがまじっている。入り乱れてまとまりがない。そまつな。
例 雑学　雑然　雑巾

12　答え　1

～抜き：はぶくこと　除くこと without ～　例 昼飯抜き　冗談抜き

2 除く：取って捨てる　あるものの範囲に加えない exclude
3 取る：手で握る　それまであった場所から自分のところに移す take
4 欠ける：不完全だ　あるべきものが不足する lack　例 注意力に欠ける

13　答え　2

無～：～がない　例 無資格　無表情
無免許：免許を持っていないこと unlicensed
1 不～：～しない　～でない　例 不自然（な）
3 否～：～を打ち消す　例 否認（する）
　　～否：～と反対の　例 安否　合否
4 失～：～をうしなう、なくす　例 失業（する）

14　答え　1

働き手：その仕事をする人 a person doing the job
例 人手不足：働く人が足りないこと
4 働き口：働いて賃金を得るところ。職場 job, position

15　答え　4

【再】サイ・ふたた-び　意 もう一度
再発行（する）：もう一度発行する reissue　例 再手術　再出発　再開発　再就職　再起動
1 次：つぎの next　例 次世代
2 急：はやく rapid　例 急成長　急ブレーキ
3 新：あたらしい new　例 新発見　新生活

問題4（文脈規定　Contextually-defined expressions）

16　答え　3

活気：生き生きして活動的な気分 vigor, energy
例 活気がある　活気がない　活気にあふれる
1 元気（な）：健康　活動のもとになる気力 vigor, vitality
2 発展（する）：勢いが盛んになり栄える develop

4 活発（な）：生き生きとして勢いのよい様子
active, lively

17 答え 2

【異】イ・こと-なる 例 異文化 異国 異質
異なった〜（形容詞として使う This can also used as an adjective.）：違っている different
1 整う：きちんとした状態になる be arranged
3 交わる：線状のものが交差する 人と人が親しく付き合う cross, associate
4 逆らう：世の中の動きとは反対に進む 人の意見や命令に従わない go against, disobey

18 答え 3

【渋】ジュウ・しぶ・しぶ-い・しぶ-る 意 物事が順調に進まない
【滞】タイ・とどこお-る 意 物事が順調に進まない
渋滞（する）：道路がこんで車が進めない be jammed, be busy
1 遅刻（する）：決められた時刻に遅れる be late 例 学校に遅刻する。
2 満員：それ以上入れないほど人が大勢いること be full/packed
4 充実（する）：足りない点や欠陥がない 内容が豊富である fulfill

19 答え 3

リラックス：精神や肉体の緊張を緩めること relax
1 リフォーム：作り直すこと 建物の改装 reform
2 リタイア：引退すること 退職すること retire
4 リノベーション：刷新 改革 renovation

20 答え 1

のんびり（する）：あせらず、ゆったりとしている be relaxed, be easy 例 のんびりした性格 田舎でのんびり暮らす
2 すんなり：順調に物事が進行する様子 smoothly

3 そっくり（な）：①非常によく似ている様子 look alike ②全部まとめてそうする様子 entirely
4 しっかり（する）：基礎がきちんとしていて簡単にはくずれない様子 きちんとしていて信頼できる様子 firm, reliable

21 答え 2

明らかに：疑いなく 確かに clearly, obviously
明らか（な）：だれにでもわかるようにはっきりしている clear, obvious
1 朗らか（な）：気持ち、性格が明るく楽しそうな様子 cheerful
3 さわやか（な）：さっぱりしていて気持ちがいい様子 refreshing
4 和やか（な）：人と人が親しくなって友好的な様子 harmonious

22 答え 1

譲る：①売る sell ②自分のものをほかの人に与える 例 経営している店を息子に譲る 道／席を譲る hand over, offer, yield
2 つかむ：指を曲げてしっかり持つ grab
3 届く：送ったものが目的地に達する reach
4 渡す：別の人の手に移す give, hand over

問題5（言い換え類義 Paraphrases）

23 答え 3

ややこしい：込み入っていてわかりにくい 複雑でめんどうだ complicated, troublesome 例 説明がややこしくてわからない。
3 複雑（な）：いろいろな要素がまじってわかりにくいこと complicated
1 簡単（な）：単純で理解や扱いがやさしい easy
2 困難（な）：実現、実行が難しいこと hard, difficult
4 単純（な）：込み入った点がなく簡単なこと simple

24 答え 1

あらかじめ（予め）：事の起こる前に　前もって　事前に in advance　例 部屋を使う前に、あらかじめ断っておく。

25　答え　4

リゾート：避暑、避寒、保養のための土地　大勢の人が休暇、余暇を過ごす場所 resort　例 リゾートホテル　リゾートマンション

4　保養（する）：体を休めて健康を増進する recreation

26　答え　3

陽気な：性質が明るく快活な cheerful

陽気：気候 weather, season　例 春らしい陽気になってきた。

27　答え　2

了解する：理解して認める understand　例 日本では電車やバスの中では携帯電話で話さないという暗黙の了解 tacit understanding がある。

問題6（用法　Usage）

28　答え　2

たちまち：非常に短い時間のうちに何かが変化する様子　急に instantly, all at once　※「たちまちのうちに」の形でも使う

1 ▶ すぐに

3 ▶ すぐに　大急ぎで

4 ▶ すぐに　急いで

すべて「すぐ」に言い変えられるが、「たちまち」は状況が変わる場合に使うため、1や4のように人が意志を持って行う行動には使わない。3のような「人が動かす場合」も「人」に準ずると考える。

29　答え　4

会談：責任のある人が公的に会って話し合うこと

talk, meeting　例 首脳会談

1 ▶ 相談

2 ▶ 話し合い

3 ▶ おしゃべり

30　答え　2

深刻（な）：事態が非常に重大な状況である serious　例 地球の人口増加は深刻な問題だ。

1 ▶ 深く

3 ▶ まじめに　真剣に

4 ▶ 大幅な　かなり

31　答え　1

抱える：物を腕で囲むようにして持つ　負担となるような人／問題をもつ hold, have problematic issues

2 ▶ つまみ

3 ▶ 庭の木にハチの巣があるので、〜

4 ▶ 持って

32　答え　4

一気に：途中で休まず一息に in one go, in one sitting　例 お酒を一気に飲むのは危険だ。

1 ▶ 必死に　一生懸命

2 ▶ 突然

3 ▶ 一つに　一つのことに

問題7（文の文法1（文法形式の判断）Sentential grammar 1 (Selecting grammar form)）

33　答え　3

（まるで）〜かのように／〜ように：人や物の様子を他のものに例えて述べる表現

※「〜かのように」は、非現実的な内容を述べる場合が多い。〜かのように is often used to state an imagined situation, like "as if" in English.　例 宝くじでも当たったかのように喜ぶ　砂漠でも走ったかのように車が汚れている

34 答え　3

感情を表す形容詞＋がる：その気持ちを表に出す
例 懐かしがる　恥ずかしがる　「ほしがる」「〜たがる」も基本的には同様の使い方
※この文は助詞「を」が使われているので「めずらしがって」を選ぶ。助詞が「が」なら、「1　めずらしくて」「4　めずらしいので」は正しい。Since the particle を is used, we know that めずらしがって is the right choice. If the particle were が instead, 1. めずらしくて or 4. めずらしいので would be correct.

35 答え　4

〜を通じて：情報を伝達する媒介を表す　例 SNSを通じて知り合う　テレビのニュース番組を通じて知識を得る
1　〜にとって：何かを判断する場合の立場や視点　例 他人にとって価値のないものでも自分にとっては大切なものはたくさんある。
2　〜にわたって：長い時間や広い場所の範囲　例 両首脳は3時間にわたって会談を行った。
3　〜を込めて：愛情や気持ちを注ぎ入れて　例 両親に心を込めて手紙を書いた。

36 答え　3

〜ものですから：よくないと感じられることをしてしまった場合の理由や言い訳を述べる
※親しい間では、「〜ものだから／もので」が使われる。〜ものだから／もので is used between people with a close relationship.　例 今すごく忙しいもので、ゆっくり話せなくてごめんね。

37 答え　1

〜じゃなきゃダメ：「〜でなければいけない」の短縮形
〜なきゃ　〜なくちゃ：「〜なければならない」「〜なくてはいけない」の短縮形

38 答え　4

〜はずだ：〜について自分は確信を持っている
例 これだけ勉強したんだから合格するはずだ。自信を持って受験しよう。

39 答え　1

〜だけのことはある：〜だから、期待通りだ
※優れていることに根拠があることを述べる。This expression cites the proof for the writer's assertion about the excellence of someone/something.
※文中では「〜だけに、…」の形も使われる。The form 〜だけに、... can be used in the middle of a sentence.　例 同僚の山中さんは、大学時代短距離の選手だっただけに、とても足が速い。

40 答え　2

(仮に)〜として／とすると…：〜と仮定すると…

41 答え　3

〜つつある：ある変化が起こり、それが進行中である　※主に書き言葉 This is mainly used in writing.
例 景気が回復しつつある　伝統が失われつつある
2　〜かねない：〜の恐れがある　例 このままではトラは絶滅しかねない。

42 答え　3

〜わりに…：〜から判断できることとは違って…だ　※不釣り合いである、ギャップがあることを述べる This expresses an imbalance/gap between one's expectations and the actual state/outcome.　例 全然勉強しなかったわりに、テストの点がよかった。
1・2　〜たび(に)：〜するときはいつも
4 わりと＝思ったよりも(よい)　例 映画はわりとおもしろかった

43　答え　**2**

お～（動詞マス形）ください：「～てください」の尊敬表現　例　お読みください　お使いください
※「お～してください」ではないことに注意
1・4　お～する：相手に自分が働きかけるときに使う謙譲表現　例　先生の荷物をお持ちする
3　お～になる：目上の人の行為に使う尊敬表現　例　先生がお帰りになる

44　答え　**2**

～なのではないか／～なんじゃないか＝～と思う／考える／感じる

問題8（文の文法2（文の組み立て）Sentential grammar 2 (Sentence composition)）

45　答え　**2**

捨てる くらい なら 私 にください
～くらい／ぐらいなら…＝～するんだったら、…のほうがいい

46　答え　**1**

事故で大けがを して いなければ 今ごろ 総理大臣 になっていた に違いない
～ていなければ今ごろ…＝実際は～だったが、そうでなければ今は…

47　答え　**4**

どんなに あなたのこと を 心配している か 考えたことがありますか
疑問詞～か：名詞句　例　何を読むかではなくどう読むかが大事だ　どんなに汚染されているかを調査する

48　答え　**1**

性別や国籍 に かかわらず だれ でも 活躍できる会社に就職したい

～にかかわらず＝～は関係なく

49　答え　**4**

道具の危険性を 子供に理解させる には 使わせないようにするより 積極的に～
※「Aには、BよりCほうがいい」の文を組み立てる

問題9（文章の文法　Text grammar）

50　答え　**1**

それどころか…＝そんなことより逆に…　そんな程度ではすまず…
このタイプの問題では、接続詞が重要。Conjunctions are very important in this type of question.
ここでは「ほめられるどころか『何言ってるかわからない』という顔をされてしまう」と言っている。

51　答え　**4**

前後の意味内容から選ぶ。Refer to the meaning of the surrounding parts to make your choice.
「相手の日本語が全然わからなかった。あとで辞書で調べて（ほめてくれたと知って）大笑いした」というエピソードを述べている。

52　答え　**2**

ほめられた本人＝自分
このタイプの問題では、受身・使役表現の判断が重要。In this question, full understanding of passive and causative expressions is key to determining the correct answer.
「上手だとほめられた私が、その日本語が全然わからなかった」と言っている。

53　答え　**2**

授受表現の判断も重要。You also need to have full understanding of expressions of giving and receiving.

「上手だとほめるより、わかりやすく話してほしい」
という趣旨なので「（日本人は私に）上手だと言っ
てくれなくてもいい」を選ぶ。

54　答え　2

日本語教師である筆者は、学生のエピソードから
教訓を得た。The writer, a Japanese-language teacher,
learned lessons from her students' experiences.
「（〜かよく）考えないといけないのではないか」
と言っている。

読解 Reading

問題10（内容理解（短文）Comprehension (Short passages)）

(1)

55 答え 2

指示語の内容を問う問題。「チョコレートやココアの香り」をほかのどんなことと比べて「そうだ」と言っているのかを読み取る。This question asks you to identify what is represented by the demonstrative. You need to pick out what is being compared with チョコレートやココアの香り.

比べる対象は「バニラ」で、バニラは「甘いお菓子によく使われるから～甘く感じられるようになった」。このことを「子供の頃からの学習の結果の錯覚である」と述べ、チョコレートやココアも同じだと言っている。

(2)

56 答え 4

筆者の言いたいことを読み取るのは読解の基本。One of the fundamental skills of reading comprehension is being able to recognize the message the writer is trying to express.

筆者は「あきらめてしまう人」と「みごとに壁をぶち破る（＝うまくいく）人」の差は、「あと一回、壁を叩くことができたかどうか」の差であるかもしれないと述べている。「あと一回～かどうか」というのは、あきらめないで続けられたかどうかということ。

(3)

57 答え 3

それぞれの段落に書かれている内容を簡潔にまとめると、選択肢が正しいかどうかが判断できる。It will be easier for you to determine the correct answer if you concisely summarize each paragraph in your mind.

第2段落の「ネット時代～ようやく『コミュ』という略語が現れました」で略語が最近現れたことがわかり、第3段落に「現在のところは『コミュ○○』の形で使いますが～」とあるので正解が導ける。

(4)

58 答え 4

文書の題名にある「お願い」がどこに書かれているかを読み取る。Identify which part of the text contains the request indicated by お願い in the subject line.

お願いしているのは「カラーコピーの～使用は必要最小限にとどめる」ことと「紙の節約」だが、「紙の節約」は「引き続き」とあり、これまでもお願いしていることがわかるので「一番の目的」ではない。

(5)

59 答え 2

前半で筆者が子どもたちに「ジャンケンで決めてもいい」と言っていることが、「話しあっても決まらないこと」や「話しあってもムダなとき」であることがわかれば解答できる。

問題11（内容理解（中文）Comprehension (Mid-size passages)）

(1)

60 答え 1

第1段落に「角度のついた解釈」をされるというのは「『管理の強化』みたいな方向に誤解される」ことと書かれている。また、第2段落に「ルールを大切に考える」ことは「自由の幅を少なくする方向」に考えられてしまう、とある。

61　答え　2

「逆にいえば」の前の各段落の中心文（その段落の主題や中心となる話題について述べた文）を見ると、どれも「ルール」を主題にしている。「逆にいえば」の後では「自由はルールがないところでは成立しません」と「自由」について述べ、「自由」ということばが繰り返し使われ、キーワードになっている。

62　答え　3

「ルール」と「自由」の関係を正しく読み取ること。第4段落に「ルールというのは、『これさえ守ればあとは自由』というように、『自由』とワンセットになっている」と書かれている。

(2)

63　答え　1

昔のことは、その事実は「どうすることもできない」、つまり変えられないが、「認識は変えることができる」と述べている。

64　答え　3

「重要な出来事が起こると、〜『これは大切なことだからよく覚えておこう』と〜記憶の回路に『指令』を出す」と書かれている。

65　答え　2

「昔のことで覚えている出来事」というのは「自分にとって何か意味があること」、つまり大切なことのはずなので「じっくりと向き合う価値がある」。その時とは違った「成熟した」自分の目で

見直してみればいい、とある。この部分が筆者の言いたいことである。

(3)

66　答え　1

読解は、「この文章の次にどんな内容が来るか」を推測しながら読めると理解が速い。本文では「2つのタイプ」があると言い、1つ目を説明しているのだから、2つ目を推測するのは基本である。In reading comprehension tasks, you'll be able to understand the material more quickly if you become able to anticipate what comes next as you work your way through it. As the passage mentions 2つのタイプ, when you're reading the explanation of the first type, you can predict the second will follow.

1つ目の「マルチタスク型」は「満遍なくできる」「集中力がなく分散型」と述べているので、2つ目は、それとは逆のタイプだと考えられる。

67　答え　2

「学校の先生に『集中力がない』」という考えは、普通は「あれ？　そんなことはないのでは」と感じるだろう。だからこそ、文章の正確な読み取りが必要である。The teacher's view of 集中力がない will likely seem counterintuitive to you. This is exactly why you need to read the passage with precision.

本文では、学校の先生は「集中力がないからこそ、広く気づくことができるという才能を持っている」と言っている。

68　答え　4

本文が「子どもを行動させるにはどうするか」について書かれていることを理解し、読み取って実際の生活で適用する場合どうするかを知るのが、本来の読解である。The essence of reading comprehension here is to recognize that the passage is talking about how to motivate children to do something, and then read the details to ascertain how the approach is applied in the real world.

「マルチタスク型」の子どもは「無駄が嫌い」「効率性を好む」「方法論、やり方、ノウハウ、スケジュールなどが大好き」と言っていることから正解を選ぶ。

問題12（統合理解 Integrated comprehension）

69 答え 3

トピックを共有する2つの文章を読む場合、両方の大意を取ってどういう考えを述べているかをまず知ることが必要だ。When reading two passages dealing with the same topic, you first need to grasp the gist of both and then determine what stance is expressed by each of them.

ここでは「カタカナ語（外来語）」の使用がトピックである。Aは「コンセプト」は同じ意味の日本語より「ニュアンスはずっと伝わりやすい」と述べていて、Bは取り入れる過程の分析について述べており、良い悪いは言っていない。

70 答え 2

筆者の考え方を理解した後は、両方の共通点と相違点を読み取ること。After you understand the writer's thinking, identify the similarities and differences between both sides.

ここでは、Aで取り上げている「コンセプト」は、Bで言う「ほぼ同じ意味の日本語は存在する」が、「日本語よりもぴったりする、あるいは目新しさが生まれる」例である。

問題13（主張理解（長文）Thematic comprehension (Long passages)）

71 答え 4

筆者の考えを文章全体から把握する必要がある。You need to understand the entire passage in order to determine the writer's opinion.

「逆さメガネ」を通して視野が逆転しても、慣れれば「ふつうに動けるようになる」のと同じで、「社会が逆さまになっていても」それに慣れてしまうと「それが当たり前だ」と思うようになる、と述べている。

72 答え 3

筆者の考えを問う質問。This question asks you to figure out the writer's opinion.

筆者は「裸眼で世界がすなおに見えたら、そのほうがいい」と言い、多数の人とは反対の意見でも、「逆さメガネ」をかけない見え方で「考えるほうが楽」だと書いている。

73 答え 2

筆者の考えの趣旨を読み取ること。Figure out the essence of the writer's viewpoint.

筆者は、誰もが「逆さメガネ」をかけて歪んだ社会に生きていながら歪んでいることを自覚していない現代社会に対して、「いまのままでは具合が悪いんじゃないの＝今の社会のままではよくない」と言っている。

問題14（情報検索 Information retrieval）

74 答え 2

皇居が見られるのは2、少し遠くに行くのは3と4だが、寺が見られるのは3。したがって2と3。

75 答え 3

「子供」に関する欄外の注意書きを見落とさないこと。Be sure not to miss the caution about children outside the main text.

温泉に入れて買い物ができるのは、4。大人2人で9,000×2＝18,000円、4歳の子は無料なので、子供料金は1人分で7,800円、合計25,800円。

聴解 Listening

例 ♫ BPT_2_04

大学で男の学生と教授が話しています。学生は、このあとまず何をしますか。

M：先生、明日のプレゼンテーションの原稿ですけど、どうでしょうか。

F：そうですね、この前言った点がちゃんと直ってますね。

M：はい、全体の構成を、もっとはっきりさせるようにしました。

F：いいと思いますよ。それから、データも新しくしたのよね。

M：はい、ここです。最新のデータにして、内容もちょっと追加しています。

F：ええ、これでいいんじゃない？　何度も声に出して読んでみた？

M：あ、それは、これから教室でやります。友達が、協力してくれるんで。

F：ああ、誰かに聞いてもらうというのがいいですね。えーとあとは、会場の機材、チェックしておくことね。

M：はい、それは明日の朝、会場に入ってすぐ確認します。どうもありがとうございました。

学生は、このあとまず何をしますか。

答え　3

1番 ♫ BPT_2_05

家で男の人と女の人が誕生会の準備をしながら話しています。男の人はこれから何をしますか。

M：おばあちゃんの誕生会、準備はどう？　できた？

F：うん、部屋の飾り付けもお料理も、これでいいね。

M：飲み物は？

F：ワインがあるのと、ビールもあるし、ジュースも買ってあるから大丈夫かな。

M：じゃ、OKか。ピザは？　頼むって言ってたよね。

F：あ、いけない、忘れてた。電話で注文してくれる？　京子に取りに行ってもらうから。

M：いいよ。じゃ、それだけで大丈夫だね。

F：ちょっと待って。あ、コーヒーがなくなってる。

M：じゃ、買ってこようか。

F：あ、正子がケーキを買いに行くって言ってたから、ついでに買ってきてもらうからいいよ。

M：じゃ、電話だけするよ。
F：うん。よろしく。それで大丈夫。
男の人はこれから何をしますか。

答え　2

こういう問題は、選択肢を見ながら聞き、メモをとっていけば間違えない。女の人はピザを注文するのを忘れていたので、男の人に「電話で注文してくれる？」と言っている。そして男の人は最後に「電話だけするよ」と言っている。これはピザを注文する電話である。

2番　♬ BPT_2_06

大学で男の学生が教授と話しています。男の学生はどうするように言われましたか。
M：先生、今いいでしょうか。あの、来月の研究発表のことなんですけど。
F：はい、どうしました？
M：実は、来月就職の面接があるっていう連絡があって。来月のいつになるのか、まだわからないんです。もうすぐ具体的な日時を知らせてくると思うんですけど。
F：そうですか。えーと、村田君は、1週目だったわね。もう、準備はしていますか。
M：はい、準備のほうはだいぶ進んでいます。
F：まあ、しょうがないですね。じゃ、面接の日にちがはっきりしたら、知らせてください。で、発表ができないようだったら、日程をずらしてあとに回しましょう。
M：あの、だれかと発表を変わってもらったほうがいいでしょうか。例えば2週目発表の人とかと。
F：そうするとその人の予定がくるって気の毒だから、それはいいです。村田君ができなくなった場合の対処はこちらで考えるから。心配しなくていいですよ。
M：はい、わかりました。申し訳ありません。
F：じゃ、面接、落ち着いてがんばってね。
M：はい。ありがとうございます。
男の学生はどうするように言われましたか。

答え　2

教授は「面接の日にちがはっきりしたら、知らせてください」と言っている。1の発表の準備は進んでいると言っているし、3は教授が対処すると言っている。4の面接の練習については何も言っていない。

ホテルで男の客と従業員が話しています。男の客はどこに行くことにしましたか。

M：あ、すみません。この辺でおいしいものを食べるとしたら、どこがお勧めですか。

F：このあたりでしたら、やはり新鮮な魚がたくさんありますから、魚料理の店か、でなければお寿司屋さんですね。どちらがよろしいですか。

M：どちらでもいいけど、じゃ、寿司屋を教えてください。

F：はい。ではこの地図をご覧ください。ホテルの前の道を右にいらっしゃいますと、銀行があります。そこのちょっと先に、こま寿司というのがあります。ここから5分ほどですからお近いですが、混んでいるかもしれません。
　それから、逆方向に10分弱いらっしゃいますと、たろう寿司というのがあります。ここは少々お高いですが、おいしいと評判です。

M：高いのはちょっとねえ。駅のほうはどうですか。

F：はい、駅の近くに二つ回転寿司屋さんがあります。みなと寿司、ここは回転寿司にしては本格的で評判もいいです。それから、いそ寿司。ここもいつも家族連れでいっぱいなんですけれど。

M：そうか。じゃ、混んでるのもいやだから、うん、とりあえずここに行ってみます。ありがとう。

男の客はどこに行くことにしましたか。

答え　3

「高いのはちょっとねえ（ちょっと＝いやだ、困る）」と言っているので、たろう寿司は×、駅のほうの回転寿司の中で、「混んでいるのもいやだ」と言っているので、いそ寿司も×。残ったのはみなと寿司なので、ここへ行く。1のこま寿司は「混んでいるかもしれない」と言われたが、男の客はここについては何も言っていない。

女の人と男の人が家で話しています。女の人が店で買ってくるのは何ですか。

F：うちの防災用品、ずいぶん長い間チェックしてないなあ。

M：そういえば、前にそろえてから、かなりたつよね。足りないものは何だろう。

F：賞味期限が切れちゃったから、まずは食料ね。保存食のセットを買おう。あ、電池は古くなっているからいざっていうとき、使えないかもしれない。新しいのを買っておかなくちゃ。えーと、保存食セットはインターネットで買おうかな。どれがいいか、見てくれる？

M：うん。ほかにはない？

F：あ、そうだ、水。水はどんどん使っちゃったから、買い足しておかないとね。

M：うん。それから、レジャーシートのようなものはある？　けっこう、役に立つみたいだけど。

F：あ、それはないから、買わなくちゃね。大きいのを買っておいたほうがいいよね。じゃ、これもネットで探そう。

M：じゃ、水もネットでいいじゃない。重いから、届けてもらえるほうがいいだろう。

F：そうだね。じゃ、私が買ってくるのは、これだけね。

女の人が店で買ってくるのは何ですか。

答え　1

防災用品のチェックをしながら話している。電池は「新しいのを買っておかなくちゃ」と言っている。そのほかのものは、保存食も水も大きいシートもインターネットで買うと言っているので、女の人が買ってくるのは電池だけ。

5番　♬ BPT_2_09

会社で男の上司と社員が話しています。社員は何をしますか。

M：明後日からの出張だけど、向こうの取引先とはアポイントもとってあるし、ホテルの予約もOKだし、そうすると、あとやることは部長と最終的な打ち合わせと……。

F：部長との打ち合わせは今日3時からの予定ですね。何かお手伝いすることはありますか。お持ちになる書類とかサンプルはそろってます？

M：うん。書類は大丈夫なんだけど、持っていくはずのサンプルがまだ来てないんだよ。

F：この間、修正をしてもらうように頼んだものですよね。

M：そうなんだ。もうできているはずなんだけど。

F：わかりました。電話して催促しますね。

M：頼むよ。あとは自分の身の回りのものだから、それはうちでやるけど。会社から持って行くべきもの、ほかにはないよね？

F：ないと思います。部長とのお話で何か必要なものがでてきましたら、またおっしゃってください。

M：うん。わかった。そのときはよろしくね。

社員は何をしますか。

答え　4

男の人（上司）は、取引先とのアポイントもホテルの予約も取ってある、書類もそろっているが、持っていくはずのサンプルがまだ来ていないと言っている。それを聞いて、女の人（社員）が「電話して催促します」と言っている。

例 ♫ BPT_2_11

学校で男の学生と女の学生が話しています。男の学生はどうして今日遅刻しましたか。

M：今日、大事なテストだったのに遅刻しちゃって、焦ったよー、ほんとに。

F：どうして遅刻したの。ゆうべ遅くまで勉強してて、寝坊したとか？

M：いやー、遅くまで勉強はしたけど、朝ちゃんと起きて、いつもの電車に乗ったんだよ。それで、普段だったら寝てしまうところなんだけど、今日は気をつけようと思ってしっかり起きてた。電車の中でテスト勉強さえしたんだよ。

F：へえ、そうだったんだ。じゃあなぜ？

M：ハッと気が付いたら降りる駅で、あわてて降りたらさあ。

F：あー、電車の中に忘れた？　何を？

M：スマートフォン。すぐ駅の事務所に行って、確認してもらってて…。

F：そうか、まあしょうがないよね。

男の学生はどうして今日遅刻しましたか。

答え　3

1番 ♫ BPT_2_12

女の人と男の人が旅行先で話しています。二人はこの町はどうして観光客が増えたと言っていますか。

F：この町、前に来たときと比べると、何だか人が増えたみたい。前は静かで落ち着いてて、いい町だと思ったんだけど。

M：そう言えばそうだなあ。ま、町としては今みたいに賑やかなほうがいいだろうけど。これ、みんな観光客だよね。やっぱり人気ドラマの舞台になったから見に来る人が増えたんだね。

F：そういうことね。ところで、目的のお寺、こんなに遠かったっけ。道、間違えてない？

M：え、ちょっと待って…ええっと、あ、さっきのＹ字路で左に行かなきゃならなかったんだ。右に来ちゃったよね。

F：あーあ、戻らなきゃ。それより疲れたからちょっと休んでいかない？　そこの茶店みたいなところ。ついでに道もきけるし。

M：あ、いいねえ。昔の旅人気分になれそうだね。

F：さて、何にしようかな。あ、（店員に向かって）私はお団子をお願いします。

M：じゃ、僕もお団子を。

F：（店員に）すみません。あの、このお寺なんですけど、ここからだとどう行けばいい
　　でしょうか。

二人はこの町はどうして観光客が増えたと言っていますか。

答え　2

どうして観光客が増えたのかという問題なので、その理由を聞き取る。ここでは、観光客が増えたことに関して、最初のほうで「やっぱり人気ドラマの舞台になったから見に来る人が増えたんだね」と言っているだけで、その後は全く触れていない。

2番　♬BPT_2_13

男の人と女の人が電話で話しています。男の人が女の人に仕事を頼んだのはどうしてですか。

M：あ、山中です。悪いんだけど、今日、休まないといけなくなっちゃって。

F：あ、お風邪ですか。

M：いや、実はうちの子供が熱を出して、保育園に行けないんですよ。今日は妻がどうしても休めないって言うので。

F：あ、それはご心配ですね。わかりました。こちらは何とかしますので。

M：すみませんね。お願いします。で、今日は、午前中にみんなで会議をしてください。資料は私のパソコンからプリントアウトしてもらえたら。

F：はい、わかりました。ほかにやっておくことはありますか。

M：あ、それから、あとでこの間の出張の報告書をメールで送るので、それもプリントアウトしてもらってもいいですか。

F：はい。あ、そういえば、山中さん、明後日、工場の視察ですよね。大丈夫ですか。

M：それは何とかなります。今日は、すみませんが、ちょっと。

F：わかりました。どうぞお大事に。

男の人が女の人に仕事を頼んだのはどうしてですか。

答え　2

男の人は「うちの子供が熱を出して、保育園に行けないんですよ。今日は妻がどうしても休めないって言うので」と言っている。つまり、自分が休んで子供と一緒に家にいなければならないということになる。

会社で女の人と男の人が話しています。女の人が考え直したのはどうしてですか。

F：私、会社を辞めて田舎に帰ろうかなって、ちょっと考えてるの。母が一人暮らしして、さびしがっているのよね。

M：え、でも、田舎に帰って、仕事があるの？

F：たぶん、ないと思う。それが問題なんだけど。

M：それじゃ、困るじゃない。これからの長い人生、働かないってわけにはいかないよ。逆にお母さんをこっちに呼んだら？

F：それも考えないではなかったけど、田舎でのんびりやっていた人が都会に出てきて、大丈夫かなって思って。

M：うーん、僕の友達のお母さんも最初はいやがってたけど、都会に出てきたら出てきたで生活を楽しんでるって言ってたよ。その点は、何とかなるんじゃないかなあ。

F：そうかあ。自分の将来のことを考えたら、仕事を辞めるのはどうかとは思ってるんだけどね。

M：そうだよ。親のために仕事を犠牲にすると、後悔するよ。まずは、お母さんに来てくれるように言ってみたら？

F：そうね。話し合ってみる。

女の人が考え直したのはどうしてですか。

答え　1

女の人は、母親が一人暮らしなので「仕事を辞めて田舎に帰ろうかなって、ちょっと考えてる」と言っていたが、男の人に「親のために仕事を犠牲にすると、後悔するよ」と言われ、「そうね」と言っている。つまり男の人のこの言葉で考え直している。そして、自分が田舎に帰るのではなく、母親にこちらに来てもらうように「話し合ってみる」と最後に言っている。

家で男の人と女の人が話しています。男の人が疲れているのはどうしてですか。

M：あーあ、疲れたなあ。今週はきつかったよ。

F：そんなに忙しかったの。少し、仕事を減らせないの？

M：そんなこと、無理に決まってるじゃない。仕事も大変になってきて、責任も重くなってるし。…というか、今週は仕事というより、飲み会があったし、友達が来てたから、夜遅かったしね。それで睡眠不足なんだ。

F：でも昔は毎日遅く帰ってきても全然問題なかったじゃない。やっぱり年のせい？

M：それはしょうがないよね。

F：そうよね。でも、そんなに疲れがひどいんだったら、ドリンク剤でも飲んだら？

M：それで効くかなあ。

F：飲んでみなきゃわからないじゃない。コンビニでも売ってるから、買ってきたら？

M：うーん僕は疑ってるんだよね、ドリンク剤って。まあともかく、今日はもう寝るよ。

男の人が疲れているのはどうしてですか。

答え　2

「今週は仕事というより、飲み会があったし、友達が来てたから、夜遅かったしね。それで睡眠不足なんだ」と言っている。したがって、疲れている理由は仕事ではなく、帰りが遅かったからである。

5番　♫ BPT_2_16

家で女の人と男の人がミステリーツアーについて話しています。男の人が行きたくなさそうなのはどうしてですか。

F：ねえ、このミステリーツアー、面白そうじゃない？　行ってみない？

M：ミステリーツアーって何だよ。何だか怪しいよ。

F：どこに行くか、知らされないままバスで出発するのよ。だからミステリー。二人で参加すればこの値段だから、高くないし。友達が、すごく面白かったって言ってたよ。ほら、あなたの好きな食べ放題もあるって書いてある。

M：食べ放題といっても、おいしいかどうかわからないじゃない。どこに行くのかわからないんだから。

F：でも、一泊だから週末にぴったりよ。あ、今度の三連休に行きましょうよ。三連休の最初の二日なら、少しぐらい疲れても一日休んでから仕事に行けるし。

M：どこに連れて行かれるかわからないなんて、いやだよ。僕は事前に調べたりしてその場所を楽しむ派なんだ。

F：でもたまにはいいじゃない。どうせうちでだらだらしてるんでしょう。ねえ、私のために、お願い。

M：わかったよ。ただバスに乗っていればいいんだね。予約とかは全部やってね。

F：それはもちろん。わー、楽しみ。

男の人が行きたくなさそうなのはどうしてですか。

答え　3

男の人は「どこに連れて行かれるかわからないなんて、いやだよ。僕は事前に調べたりしてその場所を楽しむ派なんだ」と言っている。つまり、行く場所がわからないと調べられなくて楽しめないというのが理由である。

男の人と女の人が話しています。男の人はどうして女の人がうらやましいと言っていますか。

M：あれ、その時計、かっこいいねえ。あれ、もしかしてねじを巻く時計？

F：そうなの。祖母のものだったんだけど、何となく使ってみたくなって。

M：へえ、おばあさんのか。何か古い物って、味があっていいね。

F：そうでしょう。電池がなくなって止まってしまうってこともないし、正確だから。田中君のは電波時計でしょう？

M：うん。これも正確だし電池も関係ないからいいけどね。面白みはないね。

F：今時、ねじを巻く昔の時計を使ってる人なんていないと思うけど、祖母の思い出のものってことで、大切に使おうと思って。

M：うちなんて、古い物は何にもないからなあ。おじいちゃんやおばあちゃんと一時一緒に住んでたことはあるけど。

F：うちはずっと一緒だったから、古い物だらけよ。捨てるに捨てられないし、けっこう困ってるのよ。もっとすっきりさせたいのに。今風のおしゃれな家に住んでる人がうらやましい。

M：へえ、僕から見れば、君のうちがうらやましいけどな。

F：ま、どちらも一長一短あるんでしょうね。

男の人はどうして女の人がうらやましいと言っていますか。

答え　4

男の人は「うちなんて、古い物は何もない」「君のうちがうらやましいけどな」と言っている。つまり、女の人の家に古い物がたくさんあることがうらやましい理由である。

問題3（概要理解 Summary comprehension）

例 ♬ BPT_2_20

留守番電話を聞いています。

F：あ、山田です。すみません、明日の、映画見に行く約束だけど、明後日に変えてもらえないかと思って。ごめんね。急にアルバイトの代わりを頼まれちゃって、断れなくて。あの、映画見たあと、カフェとか行くでしょ？　ケーキおごるよ。絶対ダメだったら連絡して。それじゃあ。

山田さんがいちばん言いたいことは何ですか。

1．明日映画を見に行くこと
2．約束の日を変えてほしいこと

> 3．アルバイトを代わってほしいこと
> 4．一緒にケーキを食べること

答え　2

1番 ♬ BPT_2_21

テレビでアナウンサーが話しています。

F：では、来月からの新番組の紹介です。この番組は、江戸時代の終わりから明治時代にかけて生きた人たちを描いています。この時代に活躍した武士たちを描いた番組は今までにも何本も放送されていましたが、この時代の庶民を描いたものはあまりありません。そういうところが新鮮なんですね。武士の時代から新しい時代への変化を上手に利用した主人公と周りの人物たちのスリリングな生涯をどうぞお楽しみください。

アナウンサーは何について話していますか。

1．新番組を放送する理由
2．新番組の舞台となった時代
3．新番組に登場する人物
4．新番組の特徴

答え　4

「この時代の庶民を描いたものはあまりありません。そういうところが新鮮なんですね」と言っている。これがこの番組の特徴である。

2番 ♬ BPT_2_22

学校で男の先生が全校生徒に話しています。

M：皆さん、おはようございます。今日は、避難訓練を行います。何時間目にするかは、わかりません。非常ベルが鳴ったら先生の指示に従って校庭に逃げてください。勝手な行動をしてはいけません。先生の言うことをちゃんと聞いてください。校庭に出てきたら、クラスごとにちゃんと並んでください。先生がみんないるかどうかチェックします。そのあと、消防署の方から消火器の使い方を教えていただきます。これは実際にやってみます。それが終わったら、静かに教室に戻ってください。いいですね。じゃ、教室で普通に授業を始めてください。

男の先生は何について話していますか。

1．避難訓練の流れ
2．避難訓練をする理由
3．今日の授業の予定
4．先生たちの仕事

答え　1

「非常ベルが鳴ったら～」の部分から、避難訓練の順番（流れ）を話している。

トレーナーが市の体育館に集まった人の前で話しています。

F：今日は、女性の皆様に筋肉トレーニングの大切さを知っていただきたいと思って、やって参りました。筋肉は使わないとどんどん衰えていきます。年を取るとともに、その衰えはひどくなっていくんです。何かにつまずいて転んでしまう、これも筋肉が衰えて足が上がりにくくなっているのが原因です。骨を支えるのも筋肉の役目です。もし一日30分の筋肉トレーニングを続けると、今まで痛かった腰の痛みや肩こりが治ったり、階段の上り下りが楽になったり、体が若返るのを感じることができます。さあ、皆様、筋肉トレーニングを始めましょう。

トレーナーは何について話していますか。

1．筋肉トレーニングをしている人　　2．筋肉トレーニングのやり方
3．筋肉トレーニングの効果　　　　　4．筋肉トレーニングができる場所

答え　3

トレーナーは「今日は、女性の皆様に筋肉トレーニングの大切さを知っていただきたい」とまず述べ、「1日30分の筋肉トレーニングを続けると」どんな効果があるかを話している。

学校の先生がクラスで話しています。

M：ある地方の町の中学生が町を元気にするために立ち上がったっていう話を聞きました。その子たちの町はミカンの仲間の柚子の産地なんですけど、全然知られていなかったんです。それで、中学生たちは何とかこの地方の柚子をPRしたいと、これを使った商品を考え出しました。そして、そのプレゼンテーションをその県の知事の前でやり、商品化に成功したということです。さて、君たちもこの町がどうすれば活気づくか考えてみてください。じゃ、まず5人ずつのグループに分かれて。いいですね。

先生は、生徒たちに何をするように言っていますか。

1．その中学生たちがしたことを調べる
2．柚子を使った商品を作る
3．知事の前でプレゼンテーションをする
4．町を元気にするためのアイデアを出す

答え　4

先生はある地方の町の例を述べ、「君たちもこの町がどうすれば活気づくか考えてみてください」と言っている。つまり、町を元気にするためのアイデアを生徒たちに出すように言っている。

5番 ♫ BPT_2_25

テレビでレポーターが話しています。

F：九州の北西にある五島列島にやって参りました。ここは、昔、日本でキリスト教が禁止されていたころに隠れて信仰を守り続けた人たちの遺産が残されていて、2018年にユネスコの世界文化遺産に登録されました。この辺りでいろいろお話を聞いていて、ちょっとびっくりしたことがあります。それは仏教のお寺がキリスト教徒たちを守っていたという話です。お寺がマリア観音や祈りの本などを保管していたのです。違う宗教の人も温かく守っていたお寺、この心の広さに感動しました。このキリスト教徒たちは、宗教が自由の時代になってもこのお寺から離れることはしなかったそうです。

レポーターは何を強調していますか。

1．お寺がキリスト教徒を守っていたこと
2．長い間隠れて信仰を守っていた人がいたこと
3．お寺でキリスト教徒が祈っていたこと
4．昔の日本にもキリスト教徒がいたこと

答え　1

「ちょっとびっくりしたことがあります」と言って注意を引きつけ、「仏教のお寺がキリスト教徒たちを守っていた」という話を紹介し、「この心の広さに感動しました」と述べている。

問題4（即時応答 Quick response）

例 ♫ BPT_2_27

M：それでは、お先に失礼します。
F：1．お疲れさまでした。
　　2．どうぞお入りください。
　　3．いいえ、どういたしまして。

答え　1

> F：その資料、ちょっと見せてもらえないかな。
> M：1．そうだね。それもいいね。
> 　　2．いいけど、どうして？
> 　　3．そんなに気にしなくていいよ。

答え　2

「見せてもらえないかな」は「見せてください」と同じ意味。したがって、これに対する返事はいいか悪いかで、「いいけど、どうして？」となる。

> M：鈴木さんと会うのは、何年か前の同窓会以来だなあ。
> F：1．たまに会うって言ってたよ。
> 　　2．よく会ってるのね。
> 　　3．じゃ、けっこう会ってないんだ。

答え　3

「鈴木さんと会うのは、何年か前の同窓会以来」と言っているので、その同窓会のあとは何年か会っていないということである。したがって、「けっこう会ってないんだ」が続く。

> F：このドリンクには、レモン15個分のビタミンCが入っていますので、美容にいいんです。
> M：1．えー？　本当かなあ。
> 　　2．ずいぶんたくさん食べたんだね。
> 　　3．そんなにたくさん、持てないよね。

答え　1

「ビタミンCが入っています」というのが、レモンを食べることでも持つことでもない点に注意。ドリンクに「レモン15個分のビタミンCが入って」いることに対して「本当かなあ」と疑っている。

4番 ♬ BPT_2_31

> M：この街は本当にお年寄りばかりですね。
> F：1．若い人が少し増えましたね。
> 　　2．お年寄りも一緒なんですね。
> 　　3．本当に若い人は少ないですね。

答え　3

お年寄りばかり＝お年寄りの割合が非常に高い
「お年寄りばかりですね」という意見に「若い人は少ないですね」と同意している。

5番 ♬ BPT_2_32

> F：どこか痛いところはありませんか。
> M：1．いえ、別にありません。
> 　　2．どこでもいいです。
> 　　3．痛いところがあるかもしれません。

答え　1

「どこか痛いところはありませんか」に対して、あるかないかを答えている。

6番 ♬ BPT_2_33

> M：宿題の締め切り、いつだっけ？
> F：1．いつか知ってる？
> 　　2．え、忘れたの？　明日よ。
> 　　3．あ、教えてくれる？

答え　2

～っけ？：（自分は知っているはずなのに）はっきり思い出せなかったり忘れてしまったりしたとき、また、確認したいときに使う。したがって、「忘れたの？　明日よ」と答えている。

7番 ♬ BPT_2_34

> F：本当は今日出発するはずだったんです。
> M：1．うそをついていたんです。
> 　　2．どうして予定が変わったんですか。
> 　　3．早く行かないと間に合いませんよ。

答え　2

今日出発するはずだった＝今日出発することになっていたけれど、実際は出発しなかった。それに対し「どうして予定が変わったんですか」と理由を聞いている。

8番 ♬ BPT_2_35

> M：部長って、確か京都出身だったよね。
> F：1．へえ、部長、京都に行ったんだ。
> 　　2．ああ、それはよかったね。
> 　　3．えっ、神戸じゃなかったっけ？

答え　3

確か＝自分の記憶が正しければ。部長は京都出身だと思うけれど本当にそうかな、と確認しようとしている。それに対し「神戸じゃなかったっけ」と返事をしているが、これも確実ではない。

9番 ♬ BPT_2_36

> F：今さら準備もできないし、ピザでもとるほかないよね。
> M：1．そうだね。しょうがないね。
> 　　2．えー！　そんなにおいしいの？
> 　　3．ピザを作るのは大変じゃない？

答え　1

〜しかない＝〜しか方法がない、〜のほかに方法がない。ピザをとる＝ピザを注文して家に届けてもらう。「ピザでもとるほかない」という言葉に「そうだね。しょうがないね」と応じている。

10番 ♫ BPT_2_37

> M：バス、さっき行ったばっかりだよね。
> F：1．そんなに待ってるの？
> 　　2．うん、まだ、当分来ないね。
> 　　3．あ、バスで行ったんだ。

答え　2

バスは「さっき行ったばっかり（＝ばかり）」ということは、次のバスが来るまでには時間がかかるので、「まだ、当分来ない」となる。

11番 ♫ BPT_2_38

> F：今度の試験、すごく難しそう。どうしよう。
> M：1．君なら大丈夫だよ。
> 　　2．へえ、そんなに難しかったの？
> 　　3．受けなくてよかったんだ。

答え　1

「試験、すごく難しそう」というのは、まだ試験を受けていないが難しいだろうと推測している状態。したがって、2と3は不可。

12番 ♫ BPT_2_39

> M：こんなにたくさんのメンバーの名前、よく間違えないね。
> F：1．うん。よく間違えるんだ。
> 　　2．たくさんは間違えないよ。
> 　　3．私、記憶力がいいから。

答え　3

「よく間違えないね」は、間違えないことに対して驚きの気持ちがあることを表す。したがって、その驚きに対し「私、記憶力がいいから」と理由を答えている。

1番 ♬ BPT_2_41

学校で男の先生と高校生が話しています。

F：先生、私、自分に何ができるかわからなくて。もう進路も決めなくてはいけないのに、自分が何がしたいのかも全然わからないんです。

M：なるほど。えーと、成績はどれも同じくらいだね。じゃ、絶対にやりたくないことって、どんなこと？

F：運動はあまり好きじゃないし、美術なんかも無理だと思います。そこははっきりしているんですけど。

M：ご両親に相談した？

F：はい、でも両親はITとか経営とか、私の興味のないものばかり勧めるんです。文学とか歴史が好きだって言ったら、それは役に立たないって言いますし。

M：なるほど。外国語は？

F：外国語は何をするにしても大切なのでちゃんとやりたいんですけど、それを専門にしようとは思わないんです。

M：そうか。君は国語も数学も得意だし、社会の成績もいいよね。あとは法律とか政治とか国際関係とか。

F：あぁ、法律！　それなら将来、仕事にも役に立てられますね。

M：そうだね。勉強次第で、いろいろな資格も取れるしね。文学や歴史が好きなら、それは趣味として楽しめばいいと思うよ。

F：あ、そうですね。わかりました。じゃ、大学はその方向で考えてみます。ありがとうございました。

高校生はどういう進路を考えてみることにしましたか。

1．IT関係
2．経済か経営
3．法律
4．国際関係

答え　3

両親は役に立つ勉強をさせたいが、高校生はそれには興味がない。両親の希望も考え、自分もいやではないものということで、先生のアドバイスの中から、法律なら「将来、仕事にも役に立てられますね」と言っている。

2番 ♬ BPT_2_42

文化祭のグループ発表について、高校生が三人で話しています。

F ： ねえ、今度の文化祭で発表すること、いい加減に決めないと間に合わなくなっちゃうよ。

M1： そうだね。どうしようか。興味を持って見てもらえることでないと。

F ： 去年の３年生は世界遺産になっているところをいくつか紹介してたよね。

M2： じゃ、今年もそれでよくない？　去年とは違うところを紹介すれば。

F ： でも、近いところは去年やってたし、去年の人たちは実際に行ってみて発表してたよね。

M1： でも、実際に行かなくても写真は手に入るし、あ、そうだ、例えば海外の世界遺産について調べてみてもいいんじゃないかな。

F ： あ、去年は日本だったから今年は海外っていう感じで？

M2： そうだよ。まあ、実際に行ってみるのは無理だけどね。

M1： それでいこうか。でも、範囲が広すぎるなー。例えば、去年登録されたところにスポットを当てるとか。それでもかなりの数があると思うから、その中でいくつかを中心に調べればいいんじゃない？

F ： 海外の新しく世界遺産になったところって、あまりニュースにならないから知られていないしね。興味を持って見てもらえそう。

M2： そうだね。じゃ、まずどんなところが登録されたか、検索してみよう。

M1： 全部でいくつあるのかな。その中で５つぐらい選べばいいかな。

F ： そうね。じゃ、やってみよう。

三人は何について発表することにしましたか。

１． 海外の去年世界遺産になったところ
２． 海外の世界遺産でみんなが興味のあるところ
３． 日本の去年世界遺産になったところ
４． 近いところにある日本の世界遺産

答え　1

世界遺産について発表すると決めたあと、何を紹介するかを話し合い、「海外の世界遺産」の中で「去年登録されたところにスポットを当てる」という意見でまとまった。

テレビショッピングの番組を見て、夫婦が話しています。

F1：商品ナンバー11から14までご紹介します。

まず、商品ナンバー11、ミニアイロン。手の中に収まるほど小さいので持ち運びに便利です。ナンバー12は鏡付きスマートフォンケース。鏡はアクリル製で、薄くて軽くちょっと身だしなみを整えるのにとても便利です。

お次、ナンバー13は、折りたたみ式の電気ポットです。旅行中のホテルでも仕事中のオフィスでもお湯が沸かせます。

さて、ナンバー14はハンマーペンチですが、これは15の機能が入った多機能工具です。ハンマー、ペンチ、ナイフ、ドライバー、のこぎり、釘抜き、栓抜きなどがセットされています。アウトドアのキャンプなどでも大活躍です。どれも便利でどの商品も今日は送料込みで1,980円です。

M ：面白いものがあるね。何か買う？

F2：そうね。旅行先でお湯が沸かせるのはいいなあ。

M ：ああ、ホテルだったらちょっと服のシワを伸ばしたいってときもあるよね。アイロン、どう？

F2：それもいいけど。それから、スマートフォンを見てるふりして鏡が見られるって、男の人向けにもいいじゃない？

M ：僕は、いろいろな機能がある工具っていうのがいいねえ。最近、栓抜きがなくて困ったこともあったんだよね。それに、これがあれば、ちょっとした大工仕事もできるし。

F2：今日は全部1,980円で送料込みだから、一人一つずつ買わない？

M ：そうだね。よし、僕はやっぱり何でもできるこれだ。

F2：私は候補がたくさんあるけど…。これ、いつでもどこでもお湯が沸かせるのにする。じゃ、注文しましょう。

質問1．男の人は何を買いますか。

質問2．女の人は何を買いますか。

質問1　答え　4

質問2　答え　3

男の人は「いろいろな機能がある工具っていうのがいい」と言っているので、ナンバー14、女の人は「いつでもどこでもお湯が沸かせるのにする」と言っているのでナンバー13。この問題も、何番はどんな品物か、ちゃんとメモをとっておくことが必要。

採点表 Scoresheet Ｎ２第２回

	得点区分別得点 Scores by scoring section										
言語知識（文字・語彙・文法） Language Knowledge (Vocabulary/Grammar)				読解 Reading				聴解 Listening			
大問 Question	配点 Points	正解数 Correct	得点 score	大問 Question	配点 Points	正解数 Correct	得点 Score	大問 Question	配点 Points	正解数 Correct	得点 Score
問題1	1点×5問		/5	問題10	2点×5問		/10	問題1	2.5点×5問		/12.5
問題2	1点×5問		/5	問題11	3点×9問		/27	問題2	2点×6問		/12
問題3	1点×5問		/5	問題12	3点×2問		/6	問題3	2.5点×5問		/12.5
問題4	1点×7問		/7	問題13	3点×3問		/9	問題4	1点×12問		/12
問題5	1点×5問		/5	問題14	4点×2問		/8	問題5(1番)	3点×1問		/3
問題6	1.2点×5問		/6					問題5(2番)	3点×1問		/3
問題7	1点×12問		/12					問題5(3番)	2.5点×2問		/5
問題8	1.5点×5問		/7.5					総合得点 Total score			
問題9	1.5点×5問		/7.5								
合　計			/60	合　計			/60	合　計			/60
	目標点：22点				目標点：22点				目標点：22点		第2回の目標点：100点

【 公表されている基準点と合格点 The official sectional passing score and total passing score 】

基準点：19点	基準点：19点	基準点：19点	合格点：90点

※「基準点」は合格に必要な各科目の最低得点です。合計点が「合格点」の90点以上でも、各科目の点が一つでもこれを下回ると不合格になります。基準点 (sectional passing score) is the minimum score required for passing a particular section. Examinees must achieve or exceed the sectional passing score for all sections to pass the JLPT.

※「配点」は公表されていません。この模擬試験独自の設定です。The number of points awarded for each question is not officially announced. The points listed above are only for this practice test.

※「目標点」は、本試験に絶対合格するためにこの模擬試験で何点取る必要があるかを示したものです。通常は、本試験では模擬試験よりも低い点数になるので、公表されている基準点と合格点よりも高めに設定しています。また、総合得点の目標点は、回を重ねるごとに高くなっています。目標点 (target scores) are the scores you need to get in this practice test to put yourself in position to pass the JLPT. The target scores have been set higher than the announced passing scores since scores in real tests tend to be lower than in practice tests. The target total score progressively rises for the three practice tests in this book.

N2 言語知識（文字・語彙・文法）・読解 Language Knowledge (Vocabulary/Grammar)・Reading

受験番号 Examinee Registration Number		名前 Name	

〈ちゅうい Notes〉

1. くろいえんぴつ（HB、No.2）でかいてください。
   Use a black medium soft (HB or No.2) pencil.
   （ペンやボールペンではかかないでください。）
   (Do not use any kind of pen.)
2. かきなおすときは、けしゴムできれいにけしてください。
   Erase any unintended marks completely.
3. きたなくしたり、おったりしないでください。
   Do not soil or bend this sheet.
4. マークれい Marking Examples

よいれい Correct Example	わるいれい Incorrect Examples
●	⊘ ⊙ ⊖ ⓪ ⊜ ⊘ ◍

問題 1

	1	2	3	4
1		●		
2				●
3	●			
4			●	
5				●

問題 2

	1	2	3	4
6		●		
7			●	
8				●
9	●			
10				●

問題 3

	1	2	3	4
11			●	
12	●			
13		●		
14	●			
15				●

問題 4

	1	2	3	4
16			●	
17		●		
18			●	
19			●	
20	●			
21		●		
22	●			

問題 5

	1	2	3	4
23			●	
24	●			
25				●
26			●	
27		●		

問題 6

	1	2	3	4
28		●		
29				●
30		●		
31	●			
32				●

問題 7

	1	2	3	4
33			●	
34			●	
35				●
36			●	
37	●			
38				●
39	●			
40		●		
41			●	
42			●	
43		●		
44		●		

問題 8

	1	2	3	4
45		●		
46	●			
47				●
48	●			
49				●

問題 9

	1	2	3	4
50	●			
51				●
52				●
53		●		
54		●		

問題 10

	1	2	3	4
55		●		
56				●
57			●	
58				●
59		●		

問題 11

	1	2	3	4
60	●			
61		●		
62			●	
63	●			
64			●	
65		●		
66	●			
67		●		
68				●

問題 12

	1	2	3	4
69			●	
70		●		

問題 13

	1	2	3	4
71				●
72			●	
73		●		

問題 14

	1	2	3	4
74		●		
75			●	

解答一覧 Answers

N2 聴解 Listening

【ベスト模試 第2回】

受験番号 Examinee Registration Number		名前 Name	

〈ちゅうい Notes〉

1. くろいえんぴつ(HB、No.2)でかいてください。
   Use a black medium soft (HB or No.2) pencil.
   （ペンやボールペンではかかないでください。）
   (Do not use any kind of pen.)
2. かきなおすときは、けしゴムできれいにけしてください。
   Erase any unintended marks completely.
3. きたなくしたり、おったりしないでください。
   Do not soil or bend this sheet.
4. マークれい Marking Examples

よいれい Correct Example	わるいれい Incorrect Examples
●	⊗ ◌ ⬭ ⊘ ⊜ ◍ ◑

問題 1

	1	2	3	4
例	①	②	**③**	④
1	①	**②**	③	④
2	①	**②**	③	④
3	①	②	**③**	④
4	**①**	②	③	④
5	①	②	③	**④**

問題 2

	1	2	3	4
例	①	②	**③**	④
1	①	**②**	③	④
2	①	**②**	③	④
3	**①**	②	③	④
4	①	**②**	③	④
5	①	②	**③**	④
6	①	②	③	**④**

問題 3

	1	2	3	4
例	①	**②**	③	④
1	①	②	③	**④**
2	**①**	②	③	④
3	①	②	**③**	④
4	①	②	③	**④**
5	**①**	②	③	④

問題 4

	1	2	3
例	**①**	②	③
1	①	**②**	③
2	①	②	**③**
3	**①**	②	③
4	①	②	**③**
5	**①**	②	③
6	①	**②**	③
7	①	**②**	③
8	①	②	**③**
9	**①**	②	③
10	①	**②**	③
11	**①**	②	③
12	①	②	**③**

問題 5

		1	2	3	4
1		①	②	**③**	④
2		**①**	②	③	④
3	(1)	①	②	③	**④**
3	(2)	①	②	**③**	④

N２ 第３回 模擬試験

N２ Practice Test 3

解答と解説
Answers and Comments

✏️ **言語知識（文字・語彙・文法）**

📖 **読解**

🧠 **聴解**

✔️ **採点表**

👍 **解答一覧**

問題1（漢字読み　*Kanji* reading）

1　答え　3

【処】ショ
【置】チ・お-く
処置(する)：ケガや病気の治療をする　状況を考えて扱いを決める treat, deal with

2　答え　4

【余】ヨ・あま-る／す　意 必要以上にある　残りそのほか leftovers　例 余暇　余生　余分(な)　夏休みも余すところあと3日だ
1　うつ-す：写す　移す
2　のこ-る：残る
3　まわ-る：回る

3　答え　1

【流】リュウ・ル・なが-れる／す
【域】イキ
流域：川の流れに沿った両岸の地域 river basin

4　答え　3

【手】シュ・て
【先】セン・さき
手先：①手の先・指先、その使い方 fingertips, handwork　②自分の命令で動く人 follower, subordinate, henchman

5　答え　1

【実】ジツ・み・みの-る
【現】ゲン・あらわ-れる／す
実現(する)：現実化する　事実となって現れること come/bring to reality

問題2（表記　Orthography）

6　答え　2

【豊】ホウ・ゆた-か(な)　例 豊富　豊作　豊かな資源　豊かな生活
豊か：物が十分にあって不足がない　ゆとりがある様子 abundant, rich
1【富】フ・(フウ)・と-む・とみ　意 たくさんある　財産がある
3【基】キ・もと　意 物事の土台になるもの　例 基本　基準
4【恵】ケイ・エ・めぐ-む・めぐ-み　例 恩恵　知恵　才能に恵まれる

7　答え　3

【汚】オ・けが-れる／す・よご-れる／す・きたな-い
【染】セン・そ-まる／める・し-みる・し-み
汚染(する)：有害物質に汚されること contaminate　例 大気汚染　水質汚染

8　答え　1

【断】ダン・た-つ・ことわ-る
断る：①相手の希望や申し入れを拒絶する refuse　②前もって事情を伝えて了解を求める ask someone for permission
2【頼】ライ・たよ-る(意 あてにする)・たの-む(意 お願いする)・たの-もしい(意 頼りにできそうで心強い　将来に期待ができる)
3【誤】ゴ・あやま-る(意 まちがえる)
4【絶】ゼツ・た-える／やす・た-つ(意 つながりを切る、なくす)　絶〜：非常な〜　例 絶好調

9　答え　3

【改】カイ・あらた-まる／める　改まる：新しくなる／する renew　改める：調べる research

【札】サツ・ふだ　例 一万円札　値札

改札口：駅で客の乗車券などを検査する場所 ticket gate

10　答え　4

【保】ホ・たも-つ

【存】ソン・ゾン　例 存在（する）　存続（する）　存分（な）　依存（する）　現存（する）

保存（する）：そのままの状態でとっておくこと。原状のまま維持すること preserve　例 史跡を保存する

問題3（語形成　Word formation）

11　答え　4

次〜：次の

次世代 next generation　例 次世代の携帯電話　次世代の自動車

1 後〜：〜の後　例 後始末

2 未〜：まだ〜ない　例 未完成　未解決

3 来：来る upcoming　例 来客　将来　従来

12　答え　2

超：きわめて　例 超特急　超満員

超高層ビル：きわめて高いビル skyscraper

1【激】ゲキ・はげ-しい　例 激痛　過激（な）

3【特】トク　例 特別（な）　特徴

4【越】エツ・こ-す・こ-える　例 越境（する）　国境を越える

13　答え　1

〜性：物事の性質、傾向　例 協調性　一過性　具体性　可燃性

危険性：危険のおそれ danger, risk

14　答え　4

沿う：長い線状のもののそばを進む

川沿い：川に沿っている along the river

2 〜付き：〜が付いている with 〜, including 〜　例 家具付きマンション

15　答え　1

〜的（な）：〜のような　〜らしい　〜の　例 民主的　科学的　精神的

機能的だ：十分な機能を備えていて無駄がない functional

※「機能性」という言葉もあるが、この文には合わない。Another similar word is 機能性, but it is not appropriate for this sentence.　例 機能性を重視したファッション

問題4（文脈規定　Contextually-defined expressions）

16　答え　3

吸収（する）：外部にあるものを内に取り込む absorb　例 栄養を吸収する　大企業に吸収される。

1 収容（する）：人やものを一定の場所や施設に入れる accommodate　例 被災者を避難所に収容する

2 収拾（する）：混乱した状態をまとめて落ち着いた状態にする control, pick up the pieces　例 大混乱で収拾がつかない

4 呼吸（する）：息を吸ったり吐いたりする breathe

17　答え　1

用心（する）：気をつけること　万一に備えて注意、警戒すること be careful

2 注目（する）：関心を向けること pay attention to

3 目印：見つけるための印 mark
4 閉鎖（する）：出入り口を閉じること close

18 答え 4

時間をつぶす：暇な時間を過ごすために何かを行うこと kill time
※英語の「kill time」の影響で「ころす」を選ばないように注意。Note that "kill time" is expressed with つぶす, not ころす.
1 やぶる 例 約束を破る 強敵を破る
2 くずす 例 体調を崩す 一万円札を崩す

19 答え 2

検索（する）：多くのデータの中から目的とするデータを探し出すこと search
1 検査（する）：基準にあわせて異常や不正がないか調べること check
3 探索（する）：探し求めること explore
4 捜索（する）：物や人の行方などさがし求めること search

20 答え 3

差し支える：あることをするのに都合の悪い状態になる hinder, have trouble in
1 差し迫る：期日、事態などが間近になる approach, come near 例 3日後に差し迫った入学試験
2 差し入れる：何かと何かの間に物を入れる insert 外部から食べ物や必要なものを届ける give (food), send something to 例 残業中の仲間に弁当を差し入れる ※名詞：差し入れ
3 差し込む：狭い穴などに物を入れる put in, insert （光が）入ってくる shine in 例 窓から朝日が差し込んで目がさめた。

21 答え 4

面する：向く 対面する face 例 海に面して建てられたホテル

3 つき当たる：物にぶつかる それ以上まっすぐ先に進めない所にまで来る come to the end 例 この道をまっすぐ行って、つき当たった所を右に曲がってください。

22 答え 2

うとうと（する）：ちょっとの間、浅く眠る doze off
1 くたくた：ひどく疲れて力が抜けている wore out, exhausted
3 くどくど：しつこく繰り返して言う様子 dwell on
4 うろうろ（する）：どうしてよいかわからず行ったり来たりする 当てもなく歩く wander, stroll 例 駅の出口がわからずうろうろする。変な男が近所をうろうろしている。

23 答え 2

支度（する）：準備すること 用意すること preparation 例 夕食の支度をする ※「仕度」とも書く

24 答え 3

評判：世間でのうわさ。世間で話題になっていて有名だ reputation

25 答え 2

コスト：物を生産するのに要する費用 原価 物の値段 cost
1 マスト：船の帆柱 mast 必要なこと must
3 リスト：一覧表 list 手首 wrist
4 ポスト：郵便箱 役職 post 例 重要なポストに就く

26 答え 4

着実（な）：落ち着いて確実に物事を進めていく様子 constant, steady

こつこつと：着実に努力したり働き続けたりする様子 steadily, untiringly

1 ▶ ばたばたと：落ち着かない様子 hectic

2 ▶ いきいきと：新鮮で生気があふれている lively

3 ▶ そろそろと：静かにゆっくりと slowly

27 答え 2

かえって：予想などとは反対に on the contrary, rather

逆に：物事の順序や方向などが反対であること conversely, on the contrary

1 やっぱり：以前と同じ 予想どおり as expected

3 ずっと：①ある状態が長く続く様子 for a long time ②違いが大きい far (more/less) 例 日本よりアメリカのほうがずっと大きい

4 どうも（〜らしい）：原因、理由がはっきりしないが It looks like 例 どうも熱っぽいから、風邪をひいたのかもしれない。

問題6（用法 Usage）

28 答え 4

取材（する）：物事や事件から記事などの材料をとること cover, research 例 新聞記者が事件を取材する

1 ▶ 検索した 調べた

2 ▶ 面接して いろいろ聞いて

3 ▶ 〜を参考にした いろいろ調べた

29 答え 2

権力：他人を支配し従わせる力。特に国家や政府が国民に対して持っている強制力 power

1 ▶ 権利

3 ▶ 権威

4 ▶ 権利

30 答え 1

きっかけ：物事を始める機会 物事が始まる原因

となる出来事 動機 motivator, trigger

2 ▶ 目標で 〜選手になりたくて

3 ▶ 〜のせい／影響で

4 ▶ 勉強したので／おかげで

※「きっかけ」と「原因・理由」を区別すること。「きっかけ」は、ある事をするようになった「出来事」を指す。

31 答え 3

たっぷり：使う物や時間が十分ある様子 plentifully

1 ▶ いっぱい

2 ▶ いっぱい

4 ▶ 長く たくさん（「休みはたっぷりある」は正しい）

32 答え 2

取り替える：ほかの物にかえる 交換する exchange, replace

1 ▶ 取って代わった

3 ▶ 代わって 交代して

4 ▶ 入れ替えた

問題7（文の文法1（文法形式の判断）Sentential grammar 1 (Selecting grammar form)）

33 答え 3

〜てもいない：〜という当然のことさえもしていない

34 答え 1

まず「は＋疑問詞」の規則（助詞「は」は疑問詞の前に来る）により「〜はなぜ」となり、文を名詞句にする「の」を使い「〜のはなぜ」が正しいことを判断する。First, the rule that は is the particle used before an interrogative (は＋interrogative) tells us that なぜ should be preceded by は. Then, the preceding phrase needs to be made into a noun phrase with の, so we can see that 〜のはなぜ is the correct answer.

[35] 答え　2

（人）に～てもらう＋～そうもない（様態否定）
この文の意味から、「もらう」は可能形になり「～てもらえそうもない」が正しい。The meaning of the sentence makes it clear that もらう needs to be in the potential form, and so the correct answer is ～てもらえそうもない.

[36] 答え　4

～ないわけにはいかない：～することが必要である　～しないということはできない

[37] 答え　1

～に違いない：きっと～だろう　～と信じる
違わない：違いがない　例 友人の外国人は、日本人とほとんど違わない正確さで日本語を話す。

[38] 答え　3

～を後にする：（場所や建物から）出る　帰る　出発する

[39] 答え　1

～として：～の立場で　～の資格で　例 ノーベル賞を日本人が受賞すると、同じ国民として誇りに思う。A氏は個人的には何度も来日しているが、大統領としては初来日だ。

[40] 答え　3

～ところがない：～点がない　※この場合「ところ」は「点」。直すところがない There is no need for any corrections.　例 彼のどんなところが好きかと聞かれた。
1　～ようがない：直しようがない＝（あまりにひどくて）直すことができない
4　～どころじゃない：そういう場合ではない　例 忙しくて、休むどころじゃない

[41] 答え　2

～限り：～の範囲で　～の制限の中で　例 私の知っている限り　法律に違反しない限り
3　～に限って＝①～だけは特に　例 わが子に限ってそんな悪いことをするはずがない。　②タイミング悪く、…　例 急いでいるときに限って電車が遅れる。
4　～に限り：～だけ　例 金曜日に限り特売を行う　70歳以上の方に限り無料

[42] 答え　2

～きれないほどの…：すべてを～し終わることができないくらい大量の…
1　～だす：～し始める
3　～かけ：途中でやめた状態のもの　例 食べかけの食事　読みかけの本
4　～かねる：～できない　例 わかりかねる（＝わからない）

[43] 答え　3

～だっけ：～でしたか　※「でしたか」の「た」は気づきや記憶を表す。過去形ではないことに注意。The た of でしたか indicates realization or recollection of something. Note that it is not the past tense.
1　～っぽい：～のようだ　例 男っぽい服装

[44] 答え　1

お～します：目上の人に対して自分が行う場合に使う謙譲表現。A humble expression used to describe your action toward a superior.
2　お～になる：目上の人が行う場合に使う尊敬表現 An honorific expression used to describe the action of a superior.　例 お客様がお帰りになる
※この表現では、「持つ」の意味も重要。Another key use of this construction is to express the meaning "bring" or "take."　例 お持ちします＝持ってきます
お持ちください＝持っていってください

問題8（文の文法2（文の組み立て）
Sentential grammar 2 (Sentence composition)）

45 答え 3

合格して から でないと 面接を受ける ことはできない

～てからでないと…ない：「…は必ず～のあとである」ことを表す。

46 答え 3

バッテリーが減ってきたら 自分で 電源のところに行く 掃除ロボットが すでに～

※「すでに販売されている」ものは何か考える。

47 答え 1

周囲のさまざまな音や声 から 必要なものだけ を選び出して 聞き取る

※「人間の耳は何ができる」と言っているかを考える。

48 答え 2

人間の ような 心を持った ロボットが作れる ようになっている

※まず「ように＋なっている」を固定させ、「どのようになっているか」を考える。First, recognize the combination ように＋なっている and think about what state/condition is indicated by it.

49 答え 3

含まれている ブドウ糖が 脳細胞のエネルギーとなる ため 早く脳を 目覚めさせる

※文の意味と文法構造の両方を考えて組み立てる。「早く脳を＋目覚めさせる」という部分をまず固定させるとやりやすい。To choose the right answer think about the meaning and structure of sentence as you put it together. It's a good idea to start by noticing the combination 早く脳を＋目覚めさせる.

問題9（文章の文法 Text grammar）

50 答え 3

このタイプの問題では接続詞がとても大切。Conjunctions are very important in this type of question.
「『完璧な包装紙とリボン』が美しかった→自分が感じた日本らしさは『包装のすばらしさではない』」と言っていることから、逆接の接続詞を選ぶ。

51 答え 4

授受表現（あげる・もらう・くれる）や、物が誰から誰に渡っているかが、とても大切。Words of receiving/giving（あげる・もらう・くれる）and the question of who gave the item and who received it is very important.
筆者(私)のプレゼントのことを話しているので、友人は（私から）それ（＝プレゼント）を「受け取る」という文になる。

52 答え 2

自分の国でプレゼントをもらったときの様子を話している。The writer is talking about receiving a gift in her homeland.
ここでは「そのように／そうやって／そんなふうに」などの言葉が来る。

53 答え 1

プレゼントをもらうときのマナーが、自分の国と日本とでは違うと話している。The writer is discussing how Japan and her homeland differ in terms of the etiquette for when receiving a gift.

54 答え 3

文化や習慣が違うだけだから。It's just a difference of culture and customs.
日本人が、日本のマナーに合わない「プレゼントのもらい方」をする外国人を見ても「怒らないといいなあ」と言っている。

問題10（内容理解（短文）
Comprehension (Short passages)）

(1)

55　答え　3

何かの調査についての文章を読む場合は、どんな理論・仮説が基になっているかを理解すること。

When reading a passage about a survey, determine what theory/hypothesis underlies the survey.

ここでは、「まばたき」の調査であること、「面白いと思うものを見たときには～まばたきの回数が少なかった」ということに注目する。

(2)

56　答え　1

失敗したときはショックでエネルギーを失っている。「（その）エネルギーが自然に回復する」のを待たないと失敗に「きちんとした対応」はできない。

(3)

57　答え　1

「人がある動作をした際」に、「それを見ている人の脳」も同じように働くことが、「他人に共感～するのに役立っている」と考えられる、とある。

(4)

58　答え　3

「お買い上げいただきました商品に関しまして、率直なご意見をいただけますと～」というのは、アンケートに答えてほしいということである。

(5)

59　答え　4

「1対1」だと、相手が上司や他分野の人の場合、「何をどう話していいかわからない」、「自分に自信がなくて不安」というのがその理由である。

問題11（内容理解（中文）
Comprehension (Mid-size passages)）

(1)

60　答え　3

「そうした経験」は、前の部分に書かれていることで、「違和感を持った」→「まあ大丈夫だろう」→「ダメだった」という経験を指している。

61　答え　1

「『ん?』『何かへんだな?』という違和感」「ちょっと引っかかるものがあったんだけどなあ」などという、何か変だという感覚。

62　答え　4

「最初に感じたちょっとした気づき」「最初の違和感をもっときちんとすくいとって活かすことができたら」、つまりそれを無視しなければ、リスクを回避することができる。

(2)

63　答え　4

直後の段落に「なぜそんなことをしたのかというと、それぞれの学生がどういう視点で本を読んでいるか知りたかったから」とあり、さらにその後で「普段の学生の本の読み方を把握したかった」と述べている。

64　答え　2

「先に問題を言うと、学生も私の意図を察知して、間違いを探すために批判的な目で本を読むことでしょう」とあり、筆者の意図を知られないようにするためであることがわかる。

65　答え　1

筆者は「この文章のどこかに、自分では納得できない点やおかしいと思う点はないか。それを探してほしい」という意図で出題したが、大部分の学生は「この本のどこかに（誤字や脱字のような）明らかな間違いがあって、先生はそこを見つけられるかどうかを試している」と思ったようである。つまり、多くの学生が筆者の出題意図とは異なる読み方をしていたため、答えるのが難しかったと思われる。

(3)

66　答え　1

「精神に働きかける文化にこそ科学の本質があると考えられないだろうか」とある。

67　答え　3

「科学研究からすぐに利得が得られるわけではない」が「市民の間で文化を大事にするという合意」がある。市民たちは科学研究にはお金も時間もかかることがわかっていて、それでも文化を大事にするために自分たちで科学者を支えていこうという気持ちを持っている。

68　答え　2

「科学のもう一つの側面を忘れてはならない。文化としての科学である」というのがこの文章のテーマであり、その後で「科学を文化として成り立たせているものは何なのだろうか」→「人々の支え無しには成り立たない」と述べている。これが筆者の意見である。

問題12（統合理解　Integrated comprehension）

69　答え　1

Aには「電子機器を使って対戦をする『ｅ（エレクトロニック）スポーツ』をスポーツと認めるかということが、議論されています」とあり、Bにはチェスやビリヤードをスポーツに分類する国と比べて、日本が「ｅスポーツに関して世界の流れから取り残されようとしているのは、このようなスポーツに対する考え方の違いが根本にある」とある。

70　答え　2

Aは「スポーツと認めるなど言語道断」と否定し、Bは「運動」か「競技」かという言葉の解釈から「考え方の違いが根本にある」としている。

問題13（主張理解（長文）
Thematic comprehension (Long passages)）

71　答え　3

「官僚や公務員には秀才が多いが、彼らの多くは、前例主義を取り〜前例を踏襲していこうとする」「なるべく自己矛盾が起こらないように、疑わない習慣を身につけていくようだ」とある。

72　答え　2

「それぞれの知識がぶつかり合って、疑問点、矛盾点をたくさん感じているはず」、つまり、今まで持っている知識には合わないことが起こるということ。

73　答え　4

最後に「知的反抗心をうまく育ててあげれば〜高い知的生産活動ができるようになるかもしれないのだ」とある。

74　答え　1

必要な情報だけに注目する。Concentrate on just the information needed.
ここで必要なのは「利用登録について」の情報である。「契約しようとする月の前月の6日から15日まで、駐車場事務所窓口にて受付を行います」とある。

75　答え　3

条件を整理した上で必要な情報をチェックする。Sort out the conditions in your mind and then look for the necessary information.
「定期利用」は「月の途中からの契約はできません」とあるので、7月分と8月分に分ける。7月は「一時利用」を2回、8月は「学割」の「定期利用」を1か月分利用するのが一番安い。100円×2回＝200円と1,600円で合計1,800円となる。

聴解 Listening

問題1（課題理解 Task-based comprehension）

例 ♬ BPT_3_04

大学で男の学生と教授が話しています。学生は、このあとまず何をしますか。

M：先生、明日のプレゼンテーションの原稿ですけど、どうでしょうか。

F：そうですね、この前言った点がちゃんと直ってますね。

M：はい、全体の構成を、もっとはっきりさせるようにしました。

F：いいと思いますよ。それから、データも新しくしたのよね。

M：はい、ここです。最新のデータにして、内容もちょっと追加しています。

F：ええ、これでいいんじゃない？　何度も声に出して読んでみた？

M：あ、それは、これから教室でやります。友達が、協力してくれるんで。

F：ああ、誰かに聞いてもらうというのがいいですね。えーとあとは、会場の機材、チェックしておくことね。

M：はい、それは明日の朝、会場に入ってすぐ確認します。どうもありがとうございました。

学生は、このあとまず何をしますか。

答え　3

1番 ♬ BPT_3_05

ホテルの支配人と男の従業員が話しています。男の従業員は、このあとまず何をしますか。

M：すみません、支配人、昨日ご宿泊のお客様から電話で、忘れ物をなさったそうなんですが……。312号室なんだそうですけど。

F：312号室…。まだ次のお客様は見えてないですね。フロントに忘れ物の届けはないの？

M：はい、そうなんです。忘れ物置き場を見たんですけど、今は何もないんです。

F：忘れ物は、何だっておっしゃってるの？

M：パソコンのタッチペンなんだそうです。

F：うーん、小さいものだわねえ。で、今、お客様、電話つながってる？

M：はい、保留にして、しばらくそのまま待っていただくように言ってあります。

F：じゃあねえ、お客様に、いったん電話を切ってお待ちいただくように言って？　今から私が部屋を見に行きますね。掃除のときに気が付かなかった可能性があるから。

M：はい。

F：お電話番号を必ずきいて、１時間以内にこちらから電話するって言ってね。で、電話を切ったら、念のためロビーの床に落ちてないか見てくれる？

M：はい、わかりました。

男の従業員は、このあとまず何をしますか。

答え　1

最初の問いをしっかり聞き、男の従業員に関しての質問であることをまず理解する。従業員は客から電話を受け、今は保留にして待ってもらっていること、支配人は「お客様にいったん電話を切ってお待ちいただくように言って」と言い、電話を切ったら床をチェックするように言っていることから、電話の相手と話すことが優先される。

2番 ♬ BPT_3_06

大学で男の学生と女の学生が話しています。女の学生はこのあとすぐ何をしますか。

M：テストお疲れー。やっと終わったね。

F：うん、結果はともかく、終わってよかったよ。ねえ、これからどうするの？　どっか遊びに行くの？

M：そう、夕方ね。中野たちと、海岸をドライブしようって言ってるんだよ。中野、最近運転免許取ったからさあ、乗せてってくれるんだって。よかったら、一緒に来ない？もう一人乗れると思うよ。

F：ありがとう。でもねえ、今日は姉と約束しちゃって。姉の子供のベビーシッターすることになってんのよ。それで、お小遣いもらおうってわけなんだけどさ。

M：あー、なるほどね、いいじゃない。これから直接、お姉さんちに行くの？

F：あ、寮の部屋に荷物置いて、服とか取って。今日は泊まるから。田中君は？　夕方までどうするの？

M：実はさ、僕も運転免許取ろうと思って、今から教習所に行くんだよ。免許取れたら、ドライブしようよ。

F：ありがとう。楽しみにしてるよ。

女の学生はこのあとすぐ何をしますか。

答え　1

女の学生についての質問であることを頭に入れて聞くこと。「これから直接〜？」と男性が質問したあとに答えが現れることを意識する。女の学生は、姉の家に行く前に「寮の部屋に荷物置いて、服とか取って」と言っていることから、これからまず寮の部屋に行くことがわかる。

3番 ♬ BPT_3_07

男の人と女の人が、ポスターについて話しています。これからポスターをどのように直しますか。

F：環境保護運動月間のポスターなんですが、いかがでしょうか。

M：そうですね。全体のイメージはいいと思います。もう少し、個人個人が何をするべきかっ
てところが明確に出るといいかなあ。

F：ああ、そうですすねえ。ここの文字を拡大しましょうか。プラスチックの製品を使わな
いとか、リサイクルするとか、アクションプランのところですね。

M：うーん、でもアクションプランは5つあるから、大きくすると邪魔になりませんか。
デザインが壊れるというか。

F：そうですね、部分的に、ポイントになる言葉だけ大きくする方法がいいでしょうね。
あとは、丸とかバツの記号を使うというのは…。プラスチックはバツ、リサイクルは
丸、それを薄くして、文字のバックに入れるという方法で。

M：ああ、それは一目でわかっていいですね。

F：あと、ほかの方法としては、色を変えて目立たせることもできますね。

M：そうですねえ…。色は今、全体的にすっきりしてるんじゃないですか？　さっきの、
一目でわかる方法、あれでいきましょう。

これからポスターをどのように直しますか。

答え　2

ポスターの図柄について話しているので、頭の中でデザインをイメージしながら聞くといい。最初に
「個人個人が何をするべきかが明確に出るといい」というところから課題を聞き取ること。記号を文字のバッ
クに薄く入れる方法が、一目でわかるからいい方法だと言っている。

4番 ♬ BPT_3_08

会社で二人の社員がパンフレットの部数について話しています。パンフレットは何部準備しますか。

M：えーと、来週の新卒採用説明会だけど、応募希望者に配るパンフレット、何部持って
いこうか。

F：去年は100部置いて、ぎりぎりだったんだよね。今年は採用人数も多いし、部数は余
裕があったほうがいいよねえ。多めに考えようよ。

M：そうだよねえ、えーと、今回の対象大学は5つだから、一大学につき40とすると、
200部。いきなり倍になるけど、どう？

F：そうねえ…。大丈夫だとは思うんだけど、もうちょっと余裕見て、あと50部足しと
こうか。あのさあ、対象の大学以外からの参加者って、全然いないのかなあ。会場に
来たら、入れないってわけにいかないんじゃない？

M：うん、僕もその辺部長に聞いてみたんだけど、いちおう会場には入ってもらうけど、
　　会社の担当者と話したりするのは遠慮してもらうみたいだよ。時間も限られてるからね。

F：そうか、じゃあまあ200でいいかもしれないけど、余る分には構わないわけだから、
　　多めにってことで、足しとこう。

M：わかった。じゃあその部数、準備しとくよ。

パンフレットは何部準備しますか。

答え　4

数字に関する問題は、必ずメモをとること。まず去年の倍の200部、それに50部足すことで合意している。

5番　♬ BPT_3_09

会社で、上司と男の社員が話しています。男の社員は、このあとまず何をしなければなりませんか。

F：川田さん、私はこれから午後いっぱい取引先に行ってるから、その間にしてほしいこ
　　とがあるんだけど、いいですか。

M：はい、何でしょうか。

F：この共通フォルダーに、顧客管理の一覧表があるじゃない？　それを更新しといてほ
　　しいんだけど。今週の分の新しいデータを入力して。

M：わかりました。えーと、今、新製品のプレゼンテーションの準備してるんですが、そ
　　れより先にしたほうがいいんですよね？

F：あ、ちょっと見せて。そうね、これ、今からランさんにやってもらおうか。ランさん、
　　プレゼン用の資料作るの、すごく上手だから。

M：あ、そうですね。いいんじゃないですか。この前の新人研修の資料、すごくよくでき
　　ていましたからね。えーと、じゃあ文字の資料のほうは終わったところなんで、写真
　　と一緒に、…はい、ランさんに送りました。それで、僕がランさんとこれについて打
　　ち合わせすればいいですね。

F：そうね、じゃあ、それを先にしてください。

M：はい、顧客管理表のほうも、5時までには終わらせときます。

男の社員は、このあとまず何をしなければなりませんか。

答え　4

上司が指示したことが最初にすることではないので注意。今やっているプレゼン用の資料をランさんに
作ってもらうために、ランさんと打ち合わせをするのが最初である。上司の「それを先にしてください」
という言葉にも注意すること。「先にする／やる」は、何かの前に行うという意味である。

問題2（ポイント理解 Point comprehension）

例 ♫ BPT_3_11

学校で男の学生と女の学生が話しています。男の学生はどうして今日遅刻しましたか。

M：今日、大事なテストだったのに遅刻しちゃって、焦ったよー、ほんとに。

F：どうして遅刻したの。ゆうべ遅くまで勉強してて、寝坊したとか？

M：いやー、遅くまで勉強はしたけど、朝ちゃんと起きて、いつもの電車に乗ったんだよ。それで、普段だったら寝てしまうところなんだけど、今日は気をつけようと思ってしっかり起きてた。電車の中でテスト勉強さえしたんだよ。

F：へえ、そうだったんだ。じゃあなぜ？

M：ハッと気が付いたら降りる駅で、あわてて降りたらさあ〜。

F：あー、電車の中に忘れた？　何を？

M：スマートフォン。すぐ駅の事務所に行って、確認してもらってて…。

F：そうか、まあしょうがないよね。

男の学生はどうして今日遅刻しましたか。

答え　3

1番 ♫ BPT_3_12

女の人と男の人が話しています。男の人の子供は、どうして勉強するようになりましたか。

F：子供に勉強させるにはどうしたらいいでしょうね。6年生になって、今までよかった成績がぐっと落ちちゃったんですよ、うちの子供。ゲームに夢中だし。

M：ああ、うちもそういう時期があったんですけどね、今、何とか勉強するようになってくれました。

F：え、何をなさったんですか？　私も何とかしたいと思って、5年生の復習を一緒にしてるんですけど。

M：そうですか。でも復習って、逆に子供のやる気をなくさせるかもしれないですね。自分ができないって、思わせるから。私、実は、クラスの先生がアドバイスをしてくれたんですけど、毎日子供に手紙を書いてるんですよ。

F：えっ、手紙ですか？

M：ええ、メモのようなものですけど。毎日、子供がその日にできたことをほめるんですよ。手書きでね。これが大事なんですよ、手で書く。

F：へえー、そんなに効果があるんですね。

　　M：ええ。もちろん子供はゲームもしてますよ。妻も私も子供とゆっくり過ごす時間があ
　　　　まりないんで、そばにいて声をかけたりできないんですよね。だから…。
　　男の人の子供は、どうして勉強するようになりましたか。

答え　1

「実は、〜」と始まる文は、何か大切なことを言おうとしていることを意識する。男の人は、子供に手書
きで手紙を書いていることが効果を上げている、と言っている。

2番　♬ BPT_3_13

　　テレビで専門家が話しています。専門家は、親が子供の質問に答えることについてどう言ってい
　ますか。
　　F：子供がしてくるたくさんの質問に、いったいどう答えたらいいのか、という、ご両親か
　　　　らの相談をよく受けます。私は、すべてにきちんと答えようとしないでと、言っていま
　　　　す。あ、無視するんじゃないですよ。子供が自分で答えを導き出すチャンスと捉えて
　　　　はどうかと、いうことなんです。「どう思う？」と、子供に尋ねてみましょう。子供は、
　　　　大人が驚くほどいろんなことを考えているんです。親にきけば答えがわかる、と思わ
　　　　せるより、自分で答えを見つけようとするほうが、子供にとってもずっと楽しいのです。
　　専門家は、親が子供の質問に答えることについてどう言っていますか。

答え　4

子供の質問をいい加減に考えないできちんと答えよう、という常識的な内容を推測するかもしれないが、
このように一般的に考えられることと異なる内容もよく出題されることを知っておこう。「子供が自分で
答えを導き出すチャンス」「どう思う？　と子供に尋ねてみましょう」と言っていることから答えを選ぶ。

3番　♬ BPT_3_14

　　テレビでアナウンサーが医者にインタビューしています。医者は、どうして絵を描くこともして
　いると言っていますか。
　　F：先生はお医者さんですけど、絵を描くのもプロの腕前でいらっしゃいますね。全然違
　　　　う二つの分野の才能を両方生かすって、すごいなあと思います。
　　M：いやいや、どちらも必要なんで、私にとってはこれが自然なんですよ。
　　F：そうなんですか。お医者さんとして科学的に考えた頭を、全然違うことに使ってリフレッ
　　　　シュしている、ってことなんでしょうか。
　　M：ははは、いやいや、違います。実は科学と美術、つまりサイエンスとアートって、似
　　　　ているんですよ。

F：えっ、そうなんですか。

M：ええ。まあもちろん医者と画家では、目的は違うんですよね。患者さんを診断するのと絵を描くのは全然違いますよね。でも、考えるプロセスは同じなんですよ。

F：へえー。

M：どちらもその活動をする過程には、想像や直感があり、実験があり、満足したり失望したり、そういうことを繰り返すんですよ。だから、職業はたまたま医者なんだけど、絵を描くのも私にとって当たり前のことなんです。

医者は、どうして絵を描くこともしていると言っていますか。

答え　3

ある「一般的にはあまり考えられない／起こらない」ような事柄に関し、どうしてそれが起こるかについて説明している。理由として何が否定され、何が肯定されているかを聞き取ること。医療行為と絵を描くことは、目的は違うが考えるプロセスは同じで、自分にとって当たり前のことだと言っている。

4番　♬ BPT_3_15

男の学生と女の留学生が話しています。女の留学生はどうして引っ越ししましたか。

M：アパート、引っ越したんだって？　よかったじゃない。すごく騒音があってうるさいって、言ってたよね。

F：ああ、うん、そうなんだけどね。あの騒音、上の部屋の人だったんだけど、解決したの。大家さんが強く言ってくれて、もう大音量で音楽聞いたりしなくなったのよ。

M：そうなんだ。じゃあ、どうして？

F：あのね、今まで、同じ国の人と一緒に住んでたじゃない？　それで、毎日毎日、国の言葉を使ってて。もちろんホームシックもないし、楽しいし、快適だったんだけどね。

M：ああ、せっかく日本に来てるのに、って思ったってことだね。

F：そうなのよ。で、先月の学校の交流会にそのルームメートと出たら、日本人の女の人二人と知り合って、互いにルームシェアしないかって誘われたの。

M：へえー。すごいチャンスじゃない。

F：そう。今までのアパートは学校にも近くて便利だったのが、これからは遠くなっちゃうんだけどね。

女の留学生はどうして引っ越ししましたか。

答え　2

正解の選択肢の文をそのまま言ってはいないので、意味を理解することが必要。同じ国の人と一緒に住んでいたことで毎日国の言葉を使っていること、「せっかく日本に来ているのにと思った」というところから、今まで日本語を話すチャンスがなかったことがわかる。

先生と男の学生が話しています。男の学生は、昨日の発表でどんなことがよくなかったと言っていますか。

F：カンさん、昨日の発表、よかったですよ。前よりずっとよくなりましたね。

M：あ、先生、ありがとうございます。前にご指摘いただいた点、すごく気をつけました。聞いている人をよく見るっていうこと。今まで全然できていなかったから。でも、今回も反省点はやっぱりあります。

F：そうですか。どんなことですか？

M：ええ。途中で時計を確認したときに、準備したことが全部終わらないと思って焦っちゃったんです。ですから、後半は早口になっちゃって。

F：ああ、なるほど。それまでせっかくゆっくり話していたのに、終わりのほうではちょっと走っちゃいましたね。何が原因でしょうね。

M：ええと、盛り込みすぎなんでしょうか。

F：その通りですよ。最初に結論を言ってるんだから、その理由をいかにわかりやすく簡潔に伝えるかですよね。10言って5しか伝わらないより、7言って7伝わるほうがいいんですから。

M：わかりました。次、その点、注意します。

男の学生は、昨日の発表でどんなことがよくなかったと言っていますか。

答え　3

正解の選択肢の文の通りには言っていないので、意味を理解する必要がある。「準備したことが全部終わらないと思って焦った」「盛り込みすぎ」と言っていることから、話す内容が多すぎたことがわかる。

ラジオで専門家が話しています。専門家は、写真を撮り続ける行動はどうして危ないと言っていますか。

M：えー、今はスマートフォンがあるので、写真の撮影は便利で手軽です。あー、知らないうちに写真を撮られてしまったりするから、気をつけないといけないですよね。しかし私は、それよりも、どこへ行っても何をしていてもまず写真を撮るという風潮に対して、気になることがあります。特に、旅行や記念日など大切な時間に、写真ばかり撮っているのは、どうなんでしょう。私は危ないものを感じるんです。んー、ある研究によると、写真を撮り続けることによって、何をして何を感じたか、そういったことが思い出せなくなるというのです。認知能力が低下するというわけですね。

専門家は、写真を撮り続ける行動はどうして危ないと言っていますか。

答え　3

「〜のは、どうなんでしょう」という表現は、話者が反対意見を持っていることを表す。「危ないものを感じる」と言ったあとの言葉を注意して聞くこと。男の人は、写真を撮り続けると、何をして何を感じたかが思い出せなくなる、と言っている。

問題3（概要理解 Summary comprehension）

例　♬ BPT_3_20

留守番電話を聞いています。
F：あ、山田です。すみません、明日の、映画見に行く約束だけど、明後日に変えてもらえないかと思って。ごめんね。急にアルバイトの代わりを頼まれちゃって、断れなくて。あの、映画見たあと、カフェとか行くでしょ？　ケーキおごるよ。絶対ダメだったら連絡して。それじゃあ。
山田さんがいちばん言いたいことは何ですか。
1．明日映画を見に行くこと
2．約束の日を変えてほしいこと
3．アルバイトを代わってほしいこと
4．一緒にケーキを食べること

答え　2

1番　♬ BPT_3_21

ある会社の社員が話しています。
M：当社では、古着を使って、環境にやさしいジェット機の燃料を作ろうとしています。服など衣料品に含まれる綿を原料とするバイオ燃料です。現在、皆様の衣料品をリサイクルイベントなどで回収しています。たくさんの古着が必要なので、ご家庭の古くなった服を活用させてください。このバイオ燃料を利用した初めてのフライトは、再来年実現する予定です。回収に協力してくださった方の中から抽選で、このフライトにご招待します。
この社員は、何について話していますか。
1．ジェット機の燃料の作り方
2．バイオ燃料を作る理由
3．無料で飛行機に乗るイベントの案内
4．バイオ燃料製造の協力の呼びかけ

答え　4

言葉の意味や内容が明確にわからなくてもあまり気にしてはいけない。言葉だけ捉えようとすると全体が見えなくなる恐れがある。「古くなった服を活用させてください」「フライトにご招待します」というところから、何かについて協力してほしいと呼びかけていることを理解すること。

2番 ♬ BPT_3_22

学校で、生物の先生が話しています。

F：えー、動物は、住んでいる場所に溶け込んでなるべく目立たないほうが、生きていくにはいいんです。そのほうが敵に見つかりにくいですから。獲物を襲うときも、目立たないほうが相手に気づかれないでしょう。ですから、その環境の中で生きていくのに都合のいい色や模様をしているものが、長い年月の間、生き残ってきたというわけです。日本のカラスが真っ黒いのは、日本の森ではそのほうが生きるのに便利だったんでしょう。ヨーロッパには首からお腹にかけて白いカラスもいるんですよ。

生物の先生は、何について話していますか。

１．動物が住む環境の変化
２．動物が獲物を襲う様子
３．動物の色や模様が決まる過程
４．動物のいる場所を見つける方法

答え　3

一つ一つの言葉ではなく全体の趣旨を把握することは簡単ではない。このスピーチも、全体として話者が何を言おうとしているかを理解しなければならない。「動物の色や模様がどうやって決まるか」あるいは少なくとも「動物の色や模様」がテーマであることを理解すれば、あとは選択肢の中から選べる。

3番 ♬ BPT_3_23

日本に長く住んでいる外国人が、テレビでレポートしています。

M：日本はハイテクの国だけど、先端技術の使い方がちょっと変わっているように感じるんですよ。今や世界的に有名になったあのハイテク・トイレだって、最初は、何でこんなものに先端技術を使うんだ、って思いましたよ。で、ここ、このショールームでは、ＡＩを使った最新型エアコンを展示してるんです、はい。なんと、人間の顔をセンサーで読み取って、眠いかどうか判断して、眠いとなったら勝手に設定温度を下げてくれるんだって。オフィスで使うそうですが。あのー、それって、本当に必要ですか？

外国人は何について伝えていますか。

1．ハイテク・トイレ

2．ハイテク・ショールーム

3．ハイテク・エアコン

4．ハイテク・オフィス

答え　3

現場からのレポートという設定なので、状況を頭に思い描きながら聞く。ショールームから、「眠気を感じた人の顔をセンサーで読み取って、温度を低くする」最新のエアコンをレポートしている。

4番　♫ BPT_3_24

テレビで、ある町役場の担当者がお知らせをしています。

Ｆ：ここ、やまさ町は、2か月前に大きい地震があり深刻な被害を受けました。現在、町は平常な生活を取り戻しています。そこでこの度、町の復興を記念して、「やまサウルス」の無料公開をすることになりました。「やまサウルス」とは、今年発見された日本最大の恐竜の化石です。この恐竜は、1億年以上前にこの町で生活していたんですよ。3日間、町立博物館で展示、恐竜のアニメーションや発掘のドキュメンタリーもご覧いただける楽しいイベントです。

担当者は何のお知らせをしていますか。

1．地震による町の被害の状況

2．地震からの復興の記念行事

3．日本でいちばん大きい恐竜の化石の発見

4．町立博物館の来年のイベント

答え　2

「恐竜」という言葉に引かれ過ぎないようにすること。このお知らせは「イベント」であり「恐竜の化石の発見」ではない。そのイベントは、2か月前の地震による深刻な被害から町が復興し、それを記念して行われる。

テレビで、医者が話しています。

M：歩く健康法というのが盛んです。1日1万歩を目安とする方が多いですね。しかし、えー、実際にこの数字が健康にいいかどうか、データはどこにもないのです。1万歩歩くことによって心臓病のリスクが低くなるということも言われていますが、あー、はっきりした証拠はありません。学者の中には、3,000歩程度から始めるべきで、1万歩というのは多すぎるという考えの人が大勢います。要するに、人によって違うということとです。

医者は、どんなことを話していますか。

1．1万歩歩くことについてのデータの紹介
2．1万歩歩くと病気になりやすいという注意
3．1万歩歩くことの効果は証明されていないという事実
4．何歩歩くのが効果的か実験した結果

答え　3

「1万歩が健康にいいかどうか、データはどこにもない」「はっきりした証拠はない」と言っていることから、「証明されていないという事実」という選択肢の言葉を聞き取って選ぶ。

問題4（即時応答 Quick response）

例　♬ BPT_3_27

M：それでは、お先に失礼します。
F：1．お疲れさまでした。
　　2．どうぞお入りください。
　　3．いいえ、どういたしまして。

答え　1

1番 ♫ BPT_3_28

> F：就職の面接のときの服って、人それぞれでいいんじゃないの？
>
> M：1．いや、やっぱりみんな同じ黒のスーツじゃないと。
>
> 　　2．そう、みんな同じ黒のスーツがいいよね。
>
> 　　3．そんなことないよ、みんな同じ服なんて変だよ。

答え　1

「～んじゃないの？」は、「～と思う」という意味。「人それぞれでいい（みんな同じじゃなくていい、違っていて構わない）」が女性の考え。そに対して男性が「いや、同じじゃないと（いけない）」と言っている。

2番 ♫ BPT_3_29

> M：昨日、出かけなきゃよかったよ。
>
> F：1．ずっと家にいたんですか？
>
> 　　2．外で何かあったんですか？
>
> 　　3．そうですか、よかったですね。

答え　2

～なきゃ／ければよかった＝～したが、しないほうがよかった　**例** 食べなきゃよかった（＝食べたけど、食べないほうがよかった）　男性は、出かけたが、出かけないほうがよかったと言っているので、女性が、外で何か問題があったのか聞いている。

3番 ♫ BPT_3_30

> F：私、この報告書書いたの、森さんだって思い込んじゃってた。すごくよく書けてるから。
>
> M：1．えっ、森さんが書いたんじゃないんですか？
>
> 　　2．ええ、そうです、森さんが書いたんです。
>
> 　　3．森さんだって、そう思ってるんです。

答え　1

～と思い込んじゃってた／思い込んでしまっていた＝～ではないことを、～だと勘違いしていた　女の人は「森さんが書いたと思っていたが、それは違っていた」と言っている。

4番 ♬ BPT_3_31

M：今、会社をやめないほうがいいんじゃありませんか？

F：1．そうですね、もうちょっとがんばってみます。

　　2．そうですね、今やめたほうがいいですよね。

　　3．えっ、会社、やめちゃうつもりなんですか？

答え　1

～ないほうがいいんじゃありませんか＝～ないほうがいいと思います

5番 ♬ BPT_3_32

F：昨日と一昨日休んだから、今日は3日分仕事しなきゃ。

M：1．今日から3日間続けて仕事するの？

　　2．そうかあ、がんばって。

　　3．どうもお疲れさまでした。

答え　2

～なきゃ＝～なければならない　「3日分の仕事」は、昨日と一昨日と今日の、3日間の分量の仕事

6番 ♬ BPT_3_33

M：パソコンの電源は帰りにちゃんと落としてくださいね。言うまでもないけど。

F：1．いえ、課長、昨日もおっしゃいました。

　　2．いえ、言っておいたほうがいいと思うので、そうします。

　　3．わかりました。気をつけます。

答え　3

言うまでもない＝当然である　わざわざ言う必要もない　例自然を大事にしないといけないということは、言うまでもない。

7番 ♫ BPT_3_34

F：今朝の電車、がらがらだったのよ。
M：1．へえー、すいてたんだ。
　　2．そんなに混んでたんだ。
　　3．どうして音がしたんだろうね。

答え　1

がらがら＝中身がなく、とても空いていること　⇔　混んでいる　すし詰めの　※電車やバス、室内などに使われる

8番 ♫ BPT_3_35

M：うちの息子、中学生になったとたんに野球に打ち込むようになったんですよ。
F：1．えっ、ボールが当たって、けがなさったんですか。
　　2．そうですか、もっと外で遊んでほしいですね。
　　3．そうですか、スポーツを一生懸命やるのもいいですよね。

答え　3

〜に打ち込む＝〜を一生懸命にする　夢中になって〜を行う　例 日本語の勉強に打ち込む

9番 ♫ BPT_3_36

F：私が時間を間違えたばかりに、お客様をお待たせすることになってしまいました。
M：1．そうですね、次から気をつけてください。
　　2．じゃあ、ここでお客様をお待ちしようか。
　　3．間違えても、すぐ訂正したのはよかったね。

答え　1

〜たばかりに…＝〜が原因で…という悪いことが起きてしまった　例 漢字を勉強しなかったばかりに、テストで悪い点をとってしまった。　※「ばかり」は「〜たばかりだ」「〜ばかり〜ている」「〜ばかりか」などさまざまな用法があるのでチェックしておくこと。

10番 ♫ BPT_3_37

M：この記事を今ホームページに出すのは、ちょっと問題じゃないでしょうか。

F：1．ええ、やってみてもいいですよね。

　　2．そうですね、やめておきましょう。

　　3．はい、どんなご質問ですか。

答え　2

ちょっと問題じゃないでしょうか＝問題があると思います　やめたほうがいいと思います

11番 ♫ BPT_3_38

F：あー、髪の毛、切るんじゃなかった。

M：1．結局、切らなかったんだ。

　　2．はい、はさみ、ここにあるよ。

　　3．どうして？　似合ってると思うけど。

答え　3

〜んじゃなかった：〜したけれどもしないほうがよかった、と後悔している表現　例（日本に来てしまったが）来るんじゃなかった　（食べてしまったが）食べるんじゃなかった

12番 ♫ BPT_3_39

M：レポートの締め切りって、今月末だったっけ？

F：1．えっ、もう過ぎちゃったの？

　　2．そうよ、今ごろ思い出したの？

　　3．書くの、大変だったよねー。

答え　2

〜だったっけ？／だっけ？：〜ということを思い出したけど、それは正しいだろうかと聞く会話表現　例　今日の会議は1時からだったっけ？　※この場合「〜た」は記憶や確認をするときに使われるものであり、過去形ではない。

問題5（統合理解 Integrated comprehension）

1番 ♬ BPT_3_41

女の人と男の人が、環境を守るために何をしたらいいか話しています。

F：私、地球の環境を守るための活動って、いま特に何もしてないんです。海岸の掃除をするボランティアとか、してみようかなと思って。

M：ああ、そういう活動もいいですよね。あの、もっと日常的な、毎日のことはどうですか。例えば、ゴミを少なくするために、不要なものを買わないとか、リサイクルやリユース、つまり再利用するとか。

F：ああ、そういう継続的なことは大事ですね。

M：ええ。それから、できるだけプラスチックでできている製品を使わない、買わないということもありますね。

F：私は、あまり買い物をしないし、使わなくなったものをすぐ捨てないでいろんなことに使うってことはしてるんです。古着は必ず雑巾にしてるし。

M：それは素晴らしいですね。

F：だけど、レジ袋はよく使ってるし、ペットボトルとか、食品の入れ物とか…。

M：ああ、そういうものは、布やガラスを使うほうがいいですね。

F：使っているものの素材が何なのか、知っておかないといけないですね。

M：そうですね。買うときによくラベルを見るといいですよね。

F：ええ、これからその点、しっかり意識してみます。

女の人は、これから何を意識することにしましたか。

1．プラスチック製品を使わない
2．いらないものを買わない
3．リサイクルする
4．ボランティアに参加する

答え　1

「レジ袋はよく使ってるし、ペットボトルとか、食品の入れ物とか」というところから、女の人がプラスチック製品をよく使っていることを理解すること。「使っているものの素材を知っておかなければならない」という言葉もヒントになる。

家族が、旅行について話しています。

M1 ： ねえ、来年も家族旅行、行こうよ。

F ： そうねえ。いつならみんな時間があるのかな。会社はどう？　いつ休める？

M2 ： 会社休める時期は、えーと、冬休みか、5月の連休か、夏休みか、9月の連休だな。

M1 ： 今年は夏だったから、違う時期に行こうよ。ねえ、冬、スキーに行くっていうのはどう？　温泉旅館に泊まってさあ、ずっとスキーをする。

F ： えー、私スキーできないし、寒いのはやめてほしいなあ。それに、同じところにずっといるより、いろんなところを観光できるほうが楽しいわよ。

M1 ： わかったよ。じゃあ、いつ？

F ： 秋がいいと思う。連休のころなら気候もいいし、食べ物もおいしいし。

M1 ： うーん、9月って、学校のサークルが忙しいんだけどなあ。休み、取れないことはないけど。春はどうなの？

M2 ： あれ？　5月の連休に、田舎のおばあちゃん、遊びに来いって言ってたんじゃないか？今年おばあちゃんとこ行かなかったから、来年は行ったほうがいいって話、してなかったっけ。

F ： あー、そう言えばそうだった。行かなきゃ。

M1 ： じゃあ、選択肢は一つじゃん。それでいいよ、僕。サークルのほう、何とかなるから。

M2 ： 俺はまた海でもいいぞ。のんびり海岸に寝てるの、よかったなあ。

F ： いやー、どうせなら今年と違うところにしましょ。じゃ、さっそく旅館を決めてね。

いつ家族旅行に行くことになりましたか。

1．5月の連休
2．夏休み
3．9月の連休
4．冬休み

答え　3

4つの選択肢と一人一人の都合をチェックするために、メモすることが必須である。冬は母親が反対し、春は田舎に行くから除外され、夏は去年行ったので除外、9月は息子が休みを取れないことはないと言っているので、今年は秋に旅行することになった。

3番 ♫ BPT_3_43

イベントでプレゼントの案内を聞いて、男の人と女の人が話しています。

F1： さて、プレゼントは4つご用意いたしました。4人のキャラクターが、それぞれの
プレゼントが置いてあるテントにいます。どこか一つのテントにいらっしゃってく
ださい。皆様全員、お持ち帰りいただけますよ！ ではまずスカイくんのテントは、
Tシャツ。黒地に白い線で、猫のイラストが入っています。次にツリーくん、イヤ
ホンです。黒で、ノイズキャンセリング、つまり雑音を消すタイプのものです。さて、
3つ目はミドリちゃん、本。最近文学賞を受賞して大きい話題になりましたね、
『未来計画』です。最後、サニーちゃんのテントは、ビール用のグラス。曲線の美
しい形、エレガントで持ちやすいです。

F2： どれにする？ 私は、だんぜん猫。かわいいじゃない、あのイラスト。ねえ、一緒
に申し込んで、おそろいで着るとか、どう？

M ： いやー、いいよ。僕、文学賞取った小説がいいよ。読みたいと思ってたから。

F2： あ、私、それ買ったよ。私が読んでから読めるじゃない。じゃあ…かっこいいビー
ルグラスは？ ビール好きだから。

M ： えー、自分がほしいんじゃないか？ 本じゃなかったら、イヤホンがいいよ。

F2： 持ってるんじゃないの？

M ： 持ってるけど、あちこちで使うから2つほしいんだよ。

F2： じゃあ、そうしたらいいね。じゃ、別々ね。さっそくテントに行こう。

M ： グラスにするんだよね？

F2： 何言ってんの、違うよ！

質問1． 女の人はどのキャラクターのテントに行きますか。
質問2． 男の人はどのキャラクターのテントに行きますか。

質問1　答え　1

4つのキャラクターそれぞれにメモをとっていけば、自然に答えられる。女の人は最初に「だんぜん猫」
と言って、最後まで考えを変えていない。最初の言葉を聞き逃すと答えられないので注意する。

質問2　答え　2

男の人は、考えが変わっているのでそれを正しく追うこと。Tシャツを女の人に勧められる→それはい
やなので本→女の人が買っていることからそれをやめる→イヤホン　というふうに変わった。

採点表 Scoresheet Ｎ２第３回

得点区分別得点 Scores by scoring section												
言語知識（文字・語彙・文法） Language Knowledge (Vocabulary/Grammar)				読解 Reading				聴解 Listening				
大問 Question	配点 Points	正解数 Correct	得点 score	大問 Question	配点 Points	正解数 Correct	得点 Score	大問 Question	配点 Points	正解数 Correct	得点 Score	
問題1	1点×5問		/5	問題10	2点×5問		/10	問題1	2.5点×5問		/12.5	
問題2	1点×5問		/5	問題11	3点×9問		/27	問題2	2点×6問		/12	
問題3	1点×5問		/5	問題12	3点×2問		/6	問題3	2.5点×5問		/12.5	
問題4	1点×7問		/7	問題13	3点×3問		/9	問題4	1点×12問		/12	
問題5	1点×5問		/5	問題14	4点×2問		/8	問題5(1番)	3点×1問		/3	
問題6	1.2点×5問		/6					問題5(2番)	3点×1問		/3	
問題7	1点×12問		/12					問題5(3番)	2.5点×2問		/5	
問題8	1.5点×5問		/7.5								総合得点 Total score	
問題9	1.5点×5問		/7.5									
合　計			/60	合　計			/60	合　計			/60	/180
	目標点：22点				目標点：22点				目標点：22点		第3回の目標点：110点	

【 公表されている基準点と合格点 The official sectional passing score and total passing score 】

基準点：19点		基準点：19点	基準点：19点	合格点：90点

※「基準点」は合格に必要な各科目の最低得点です。合計点が「合格点」の90点以上でも、各科目の点が一つでもこれを下回ると不合格になります。基準点 (sectional passing score) is the minimum score required for passing a particular section. Examinees must achieve or exceed the sectional passing score for all sections to pass the JLPT.

※「配点」は公表されていません。この模擬試験独自の設定です。The number of points awarded for each question is not officially announced. The points listed above are only for this practice test.

※「目標点」は、本試験に絶対合格するためにこの模擬試験で何点取る必要があるかを示したものです。通常は、本試験では模擬試験よりも低い点数になるので、公表されている基準点と合格点よりも高めに設定しています。また、総合得点の目標点は、回を重ねるごとに高くなっています。 目標点 (target scores) are the scores you need to get in this practice test to put yourself in position to pass the JLPT. The target scores have been set higher than the announced passing scores since scores in real tests tend to be lower than in practice tests. The target total score progressively rises for the three practice tests in this book.

N2 言語知識（文字・語彙・文法）・読解 Language Knowledge (Vocabulary/Grammar)·Reading

受験番号 Examinee Registration Number		名前 Name	

〈ちゅうい Notes〉

1. くろいえんぴつ(HB、No.2)でかいてください。
   Use a black medium soft (HB or No.2) pencil.
   （ペンやボールペンではかかないでください。）
   (Do not use any kind of pen.)
2. かきなおすときは、けしゴムできれいにけしてください。
   Erase any unintended marks completely.
3. きたなくしたり、おったりしないでください。
   Do not soil or bend this sheet.
4. マークれい Marking Examples

よいれい Correct Example	わるいれい Incorrect Examples
●	⊘ ⊙ ◯ ⓪ ⊜ ◍ ◖

問題 1

1	①	②	❸	④
2	①	②	③	❹
3	❶	②	③	④
4	①	②	❸	④
5	❶	②	③	④

問題 2

6	①	❷	③	④
7	①	②	❸	④
8	❶	②	③	④
9	①	②	❸	④
10	①	②	③	❹

問題 3

11	①	②	③	❹
12	①	❷	③	④
13	❶	②	③	④
14	①	②	③	❹
15	❶	②	③	④

問題 4

16	①	②	❸	④
17	❶	②	③	④
18	①	②	③	❹
19	①	❷	③	④
20	①	②	❸	④
21	①	②	③	❹
22	①	❷	③	④

問題 5

23	①	❷	③	④
24	①	②	❸	④
25	①	❷	③	④
26	①	②	③	❹
27	①	❷	③	④

問題 6

28	①	②	③	❹
29	①	❷	③	④
30	❶	②	③	④
31	①	②	❸	④
32	①	❷	③	④

問題 7

33	①	②	❸	④
34	❶	②	③	④
35	①	❷	③	④
36	①	②	③	❹
37	❶	②	③	④
38	①	②	❸	④
39	❶	②	③	④
40	①	②	❸	④
41	①	❷	③	④
42	①	❷	③	④
43	①	②	❸	④
44	❶	②	③	④

問題 8

45	①	②	❸	④
46	①	②	❸	④
47	❶	②	③	④
48	①	❷	③	④
49	①	②	❸	④

問題 9

50	①	②	❸	④
51	①	②	③	❹
52	①	❷	③	④
53	❶	②	③	④
54	①	②	❸	④

問題 10

55	①	②	❸	④
56	❶	②	③	④
57	❶	②	③	④
58	①	②	❸	④
59	①	②	③	❹

問題 11

60	①	②	❸	④
61	❶	②	③	④
62	①	②	③	❹
63	①	②	③	❹
64	①	❷	③	④
65	❶	②	③	④
66	❶	②	③	④
67	①	②	❸	④
68	①	❷	③	④

問題 12

69	❶	②	③	④
70	①	❷	③	④

問題 13

71	①	②	❸	④
72	①	❷	③	④
73	①	②	③	❹

問題 14

74	❶	②	③	④
75	①	②	❸	④

解答一覧 Answers

N2 聴解 Listening

【ベスト模試 第3回】

受験番号 Examinee Registration Number		名前 Name	

〈ちゅうい Notes〉

1. くろいえんぴつ(HB、No.2)でかいてください。
   Use a black medium soft (HB or No.2) pencil.
   (ペンやボールペンではかかないでください。)
   (Do not use any kind of pen.)
2. かきなおすときは、けしゴムできれいにけしてください。
   Erase any unintended marks completely.
3. きたなくしたり、おったりしないでください。
   Do not soil or bend this sheet.
4. マークれい Marking Examples

よいれい Correct Example	わるいれい Incorrect Examples
●	⊗ ◊ ◯ ◐ ⊜ ◑ ◉

問題 1

	①	②	③	④
例	①	②	**❸**	④
1	**❶**	②	③	④
2	**❶**	②	③	④
3	①	**❷**	③	④
4	①	②	③	**❹**
5	①	②	③	**❹**

問題 2

	①	②	③	④
例	①	②	**❸**	④
1	**❶**	②	③	④
2	①	②	③	**❹**
3	①	②	**❸**	④
4	①	**❷**	③	④
5	①	②	**❸**	④
6	①	②	**❸**	④

問題 3

	①	②	③	④
例	①	**❷**	③	④
1	①	②	③	**❹**
2	①	②	**❸**	④
3	①	②	**❸**	④
4	①	**❷**	③	④
5	①	②	**❸**	④

問題 4

	①	②	③
例	**❶**	②	③
1	**❶**	②	③
2	①	**❷**	③
3	**❶**	②	③
4	**❶**	②	③
5	①	**❷**	③
6	①	②	**❸**
7	**❶**	②	③
8	①	②	**❸**
9	**❶**	②	③
10	①	**❷**	③
11	①	②	**❸**
12	①	**❷**	③

問題 5

		①	②	③	④
1		**❶**	②	③	④
2		①	②	**❸**	④
3	(1)	**❶**	②	③	④
3	(2)	①	**❷**	③	④

N2

【ベスト模試　第１回】

言語知識（文字・語彙・文法）・読解

（105分）

注　意
Notes

1. 試験が始まるまで、この問題用紙を開けないでください。
   Do not open this question booklet until the test begins.

2. この問題用紙を持って帰ることはできません。
   Do not take this question booklet with you after the test.

3. 受験番号と名前を下の欄に、受験票と同じように書いてください。
   Write your examinee registration number and name clearly in each box below as written on your test voucher.

4. この問題用紙は、全部で33ページあります。
   This question booklet has 33 pages.

5. 問題には解答番号の 1 、 2 、 3 … が付いています。解答は、解答用紙にある同じ番号のところにマークしてください。
   One of the row numbers 1 , 2 , 3 … is given for each question. Mark your answer in the same row of the answer sheet.

受験番号　Examinee Registration Number	

名前　Name	

問題1 ＿＿＿の言葉の読み方として最もよいものを、1・2・3・4から一つ選びなさい。

1 うそをつかないで、正直に話してください。
　　1 せいちょく　　　2 せいじき　　　3 しょうじき　　　4 しょうちょく

2 旅行に行って、その地方独特の料理をごちそうになった。
　　1 とくど　　　　2 どくとく　　　3 とくどく　　　4 とくとく

3 合図をしますから、そうしたらスタートしてください。
　　1 あいず　　　　2 ごうず　　　　3 あいと　　　　4 ごうと

4 朝は早く起きるように努めています。
　　1 おさめて　　　2 すすめて　　　3 ひろめて　　　4 つとめて

5 私のふるさとには、古い日本家屋が立ち並んでいる。
　　1 かや　　　　　2 かおく　　　　3 いえや　　　　4 いえおく

問題2　＿＿＿＿＿の言葉を漢字で書くとき、最もよいものを1・2・3・4から一つ選びな
　　　　さい。

6　山田さんは会社を<u>やめて</u>、転職するつもりのようだ。

　　1　退めて　　　　　2　引めて　　　　　3　止めて　　　　　4　辞めて

7　私は自分の意見を<u>のべる</u>のが苦手なんです。

　　1　述べる　　　　　2　込べる　　　　　3　迷べる　　　　　4　迎べる

8　日本人はみんな健康<u>ほけん</u>に入ることになっている。

　　1　補件　　　　　　2　補健　　　　　　3　保険　　　　　　4　保倹

9　あまり重要じゃないことは、<u>しょうりゃく</u>しましょう。

　　1　少約　　　　　　2　省略　　　　　　3　小約　　　　　　4　削略

10　優勝した選手は、多くの<u>ほうどう</u>陣に囲まれていた。

　　1　放道　　　　　　2　放導　　　　　　3　報道　　　　　　4　報導

問題３　（　　　　）に入れるのに最もよいものを、１・２・３・４から一つ選びなさい。

11　この薬はよく効くが、（　　　　）作用が心配だ。

　　１　次　　　　　　２　副　　　　　　３　後　　　　　　４　伴

12　７時半から９時ごろまでの時間（　　　）は、電車がとてもこんでいる。

　　１　内　　　　　　２　幅　　　　　　３　中　　　　　　４　帯

13　取引（　　　）に新製品のサンプルを持って行った。

　　１　屋　　　　　　２　者　　　　　　３　先　　　　　　４　手

14　私は（　　　）器用なので、セーターを編んだり洋服を縫ったりすることは苦手です。

　　１　不　　　　　　２　非　　　　　　３　否　　　　　　４　反

15　川田さんは新人の中で一番仕事ができそうだったが、期待（　　　　）だった。

　　１　破れ　　　　　２　崩れ　　　　　３　外れ　　　　　４　離れ

問題4　（　　　　）に入れるのに最もよいものを、1・2・3・4から一つ選びなさい。

16　大地震で被害にあった人たちのために、駅前に立って（　　　　）を集めた。

　　1　預金　　　　　　2　寄付　　　　　　3　会費　　　　　　4　費用

17　先生の講義は難しすぎて、（　　　　）わからなかった。

　　1　きっぱり　　　　2　すっきり　　　　3　さっぱり　　　　4　すっかり

18　奨学金の希望者で、次の条件に（　　　　）方は今週中に申し込んでください。

　　1　当てはまる　　　2　突き当たる　　　3　取りあげる　　　4　はまり込む

19　中高年層を（　　　　）とした新製品が次々と開発されている。

　　1　タイムリー　　　2　ターミナル　　　3　タブレット　　　4　ターゲット

20　私は日本の古い文化に（　　　　）があるので、その勉強をしたいと思っている。

　　1　興味（きょうみ）　　2　趣味（しゅみ）　　3　好物（こうぶつ）　　4　傾向（けいこう）

21　このクレジットカードは、（　　　　）期限が過ぎています。

　　1　効果　　　　　　2　有効　　　　　　3　効力　　　　　　4　効用

22　早めに勉強を始めれば、直前になって（　　　　）もすむのに……。

　　1　ころばなくて　　　　　　　　　2　はしらなくて

　　3　あわてなくて　　　　　　　　　4　おいつかなくて

問題5　＿＿＿の言葉に意味が最も近いものを、1・2・3・4から一つ選びなさい。

23 両親は田舎（いなか）で快適な生活をしています。

1　忙しい　　　　　2　自由な　　　　　3　気持ちのいい　　4　不自由な

24 山田（やまだ）さんが来ると、めいわくです。

1　困ります　　　　2　嬉（うれ）しいです　　3　心配です　　　4　楽しいです

25 母は、たびたび祖母の家に行っています。

1　毎日　　　　　　2　時々　　　　　　3　たまに　　　　4　よく

26 富士山に登ることをあきらめた。

1　決定した　　　　　　　　　　2　あとに延（の）ばした

3　約束した　　　　　　　　　　4　無理だと思ってやめた

27 カラスはとてもかしこい鳥だと言われています。

1　頭のいい　　　　2　ずるい　　　　　3　いじわるな　　　4　らんぼうな

問題6　次の言葉の使い方として最もよいものを、1・2・3・4から一つ選びなさい。

28　さっそく

1　この問題集を使うと、さっそく成績が上がるそうですよ。

2　おいしいレストランを教えてもらったので、さっそく行ってみた。

3　秋が深まり、夕方になるとさっそく日が落ちて暗くなる。

4　今日の会議は主要メンバーが欠席で、さっそく終わってしまった。

29　支持する

1　家族は互いに支持して生きていかなければならない。

2　天気予報を支持してかさを持ってきたのに降らなかった。

3　経営難だった店をみんなで支持して、立て直した。

4　今の市長を支持する人はあまり多くないようだ。

30　気軽に

1　カレーはこのスパイスを使うと気軽にできます。

2　長い時間かかったが、病気が治って気軽になった。

3　みんなで楽しめるイベントです。気軽に参加してください。

4　ダイエットを続けて、大分気軽になった。

31　ごく

1　季節を問わず、ごく多くの観光客が、京都を訪れる。

2　昔、豊かな暮らしができたのは、ごく限られた人だけだった。

3　彼は、ごく一生懸命勉強して、難しい国家試験に合格した。

4　久しぶりに会った友人たちと、ごく楽しい一時を過ごした。

32　提供

1　独身時代は母に夕食を提供してもらっていた。

2　大学に行って、入試要項を提供してもらった。

3　レポートは来週中に提供しなければならない。

4　警察は住民に情報を提供してほしいと呼びかけた。

問題7　次の文の（　　　　）に入れるのに最もよいものを、1・2・3・4から一つ選び
　　　　なさい。

[33]　実際の物を手に取って見た（　　　　）買うかどうか決めたいから、オンラインより店に行くこ
とが多い。

1　上に　　　　　　　2　上は　　　　　　　3　上で　　　　　　　4　上では

[34]　東南アジアの果物が食べたくて、（　　　　）電車でデパートへ買いに行った。

1　わざと　　　　　　2　わざわざ　　　　　3　せっかく　　　　　4　いよいよ

[35]　コストを減らすために、品質の悪い材料を使う会社が多いと聞きます。しかしわが社は食品会
社（　　　　）、食べ物の安全を守るために材料の質には最大の注意を払っています。

1　ながら　　　　　　2　ならでは　　　　　3　として　　　　　　4　にとって

[36]　上司に適切に報告するというのは、仕事をする際の基本的な（　　　　）だ。

1　わけ　　　　　　　2　はず　　　　　　　3　の　　　　　　　　4　こと

[37]　上木「中井さん、お疲れさま。今日の仕事、大変でしたけど、そろそろ終わりに近づきました。」
　　　中井「よかった、このぶんだと残業（　　　　）ですね。」
　　　上木「ええ、そうですね。」

1　しなくてもいいそう　　　　　　　　　　2　しなくてもよさそう

3　しないほうがいいそう　　　　　　　　　4　しないほうがよさそう

[38]　私が教えているクラスの学生は多種多様で、10代の若者も（　　　　）70歳の高齢者もいる。だ
から話題が広がって、授業が楽しく進められる。

1　いたら　　　　　　2　いると　　　　　　3　いれば　　　　　　4　いるなら

39 いつもは会議を始めるのは課長が（　　　　）しているが、今日は例外で、課長を待たずに始めた。

1　来てからに　　　2　来たからに　　　3　来てからで　　　4　来たからで

40 私は子どもの時は病気（　　　　）だったが、大人になってとても健康になった。

1　きり　　　　　2　なり　　　　　3　がち　　　　　4　むき

41 おいしい（　　　　）甘い物ばかり食べているのは良くないと注意されてしまった。

1　からには　　　2　からこそ　　　3　からして　　　4　からといって

42 電車の中などで、スマートフォンに夢中で子どもを全然見ていない親がいるが、そういう人には、一言（　　　　）。

1　言わないわけではない　　　　　　2　言わずにはいられない

3　言おうとしないでもない　　　　　4　言わなくてもかまわない

43 母親「ねえ、ちょっと、部屋、片づけてほしいんだけど。」

息子「わかったよ。ちゃんと（　　　　）。」

1　やっちゃって　　　　　　　　　2　やっといて

3　やっとく　　　　　　　　　　　4　やったら

44 学生「先生、ちょっと（　　　　）ものがあるんですが、お時間よろしいでしょうか。」

先生「え、私に？　何ですか。」

1　ご覧いただきたい　　　　　　　2　お目にかかりたい

3　お見えになりたい　　　　　　　4　拝見していただきたい

問題8　次の文の　★　に入る最もよいものを、1・2・3・4から一つ選びなさい。

（問題例）

あそこで ＿＿＿＿＿ ＿＿＿＿＿ ★ ＿＿＿＿＿ は佐藤さんです。

1　本　　　　　　2　読んでいる　　3　を　　　　　　4　人

（解答のしかた）

1．正しい文はこうです。

あそこで ＿＿＿＿＿ ＿＿＿＿＿ ＿★＿ ＿＿＿＿＿ は佐藤さんです。
　　　　　　1　本　　　3　を　2　読んでいる　4　人

2．　★　に入る番号を解答用紙にマークします。

（解答用紙）　（例）　① ● ③ ④

45　いくらおいしいラーメンでも、2,000円も ＿＿＿＿ ＿＿＿＿ ★ ＿＿＿＿ 思わない。

　　1　とは　　　　　2　まで　　　　　3　食べよう　　　4　払って

46　「練習でがんばれ、試合ではがんばるな」というのが、選手たち ＿＿＿＿ ＿＿＿＿ ★ ＿＿＿＿ だった。

　　1　の　　　　　　2　への　　　　　3　コーチから　　4　メッセージ

47　M電器の創業者M氏は、自分が十分な教育を受けていない ＿＿＿＿ ＿＿＿＿ ★ ＿＿＿＿ につながり、ビジネスを成功に導いたと言っている。

　　1　こと　　　　　　　　　　　　　　2　一生懸命勉強すること
　　3　が　　　　　　　　　　　　　　　4　こそ

48　人間が ＿＿＿＿ ＿＿＿＿ ★ ＿＿＿＿ から、十分睡眠（すいみん）をとることで怒（いか）りを取り除（のぞ）くことができる。

1　からだ　　　　　　　　　2　怒りっぽくなる
3　のは　　　　　　　　　　4　疲れている

49　自分と考え方が違う人と ＿＿＿＿ ★ ＿＿＿＿ ＿＿＿＿ しない、そんな人が増えているような気がする。

1　話そう　　　　2　と　　　　　3　さえ　　　　4　は

問題９　次の文章を読んで、文章全体の内容を考えて、　50　から　54　の中に入る

　　　　最もよいものを、１・２・３・４から一つ選びなさい。

以下は、日本に10年住んでいるヨーロッパ人が書いた文章である。

　日本には「コミュニティ」が存在すると思う。

　ビジネスマンも、家庭の主婦も、酒屋のおじさんや八百屋のおばさんも、みんな一緒に楽しむ町内会の小さなお祭り。その祭りにたまたま　50　、私は、日本におけるコミュニティの存在を強く感じるようになった。私を踊りの輪の中に招き入れて一緒に踊った女子高校生のグループ。「これ、うまいよ。食べてみて」と言って焼きそばを　51　町内会の会長。みな、にこやかで礼儀正しい。祭りは、私には考えられないほど整然と始まり、平和に終わった。誰一人、このような環境を特別なものと考えていない。誰も何も無理をせず、自然で当たり前なのだ。

　コミュニティと呼ばれる集合体は、そこに所属するみんながこのような精神を　52　うまく機能する。私の知っている限りではヨーロッパやアメリカではすでに失われたこの精神が、日本ではまだ強く残っている。　53　、地元の店や住民にしっかりと受け継がれていると感じる。

　東日本大震災（ひがしにほんだいしんさい）で世界でも近年最大といえる被害にあいながら、マナーを守って整然と過ごし助け合って生きていく日本人の姿には世界中が感動したものだが、その行動は、こうしたコミュニティに息づく精神が普段の生活に残っているからこそ　54　。

50

1　参加したときから　　　　　　　　2　参加したときさえ

3　参加したことまで　　　　　　　　4　参加したことなら

51

　　1　買ってもらった　　　　　　2　買ってくれた
　　3　買ってあげた　　　　　　　4　買ってやった

52

　　1　必要と考えていなくても　　2　なくしていることで
　　3　持っていてもいなくても　　4　持っていることで

53

　　1　しかし　　　2　それでは　　　3　そして　　　　4　それとも

54

　　1　なのではない　　　　　　　2　なのではないが
　　3　なのではないだろう　　　　4　なのではないだろうか

問題10　次の(1)から(5)の文章を読んで、後の問いに対する答えとして最もよいものを、
　　　　1・2・3・4から一つ選びなさい。

(1)
　静岡県Ａ小学校のＭ先生は、三角形の面積の公式を導く授業を紹介した。まず最初に、長方形に変えて解くグループや、三角形を組み合わせ平行四辺形にして求めるグループなどに分けて検討させた。その後、集団を解体して、別の解き方をした子どもたち同士で集まり、各自が元のグループで考えた解き方をもとに、どうやって公式を導くかを話し合った。「この方法だと、どの子も必然的に説明役を担うことになる」とＭ先生。

（朝日新聞2018年2月17日朝刊による）

[55]　子どもがこの授業で行ったことは何か。

1　最初のグループで話したことを、メンバーの違う二つ目のグループで説明した。

2　グループで話し合った後、その内容を一人ずつ全員の前で説明した。

3　一つのテーマについて二種類以上の違う解き方を、グループで検討した。

4　自分で解き方を考え、その後グループを作って一人一人が考えを説明した。

以下は、あるアパートの掲示板にあったお知らせである。

さくらアパート住民の皆さまへ

ベランダに設置してある避難器具の点検を、次のように行います。この点検は、消防法により年１回の実施が義務付けられているものです。

当アパートでは２部屋に一つ設置しております。避難器具のあるお部屋にお住まいの方は、当日の在宅をお願いいたします。

なお、ご不在の場合でも、管理人の合カギで入室させていただきます。ご不在の方は、前もって管理人にお知らせいただけると幸いですが、お知らせのない場合でも入室いたしますので、ご了承ください。

【避難器具点検日時】

20XX年９月４日（水）　ＡＭ10：00〜ＰＭ４：30（予定）

20XX年８月　　管理人

---

56 避難器具のある部屋の人が当日不在の場合はどうなるか。

1　日程を変えて別の日に点検が行われる。

2　管理人に不在だと伝えない場合は、点検が行われない。

3　何もしなくても点検が行われる。

4　今年は点検が行われない。

(3)

　インフレでもものの値段が上がっていったとき、私たちが本来やるべきことは、みんなが買うのをぐっと我慢することなんです。そうすれば需要がおさまりますから、物価の値上がりもおさまったり穏やかになったりします。でも安いうちに買うことを我慢するなんて、なかなかできませんよね。結局みんな一人ひとりが早く買おうとする。自分だけが早く買えば得をするかもしれませんが、みんな同じことを考えます。

　みんなが同じことをやると何が起きるのか。たとえば、サッカー観戦でみんなが座っているときに、1人だけ立ち上がるとよく見えますね。でもみんなが同じことを考えて一斉に立ってしまうと、結局みんなが前より見えなくなってしまいます。

（池上彰『池上彰のやさしい経済学2　ニュースがわかる』日本経済新聞出版社による）

（注）インフレ：インフレーション（inflation）物価が上がる経済現象

[57]　本文で説明されている、インフレとサッカー観戦の共通点は何か。

1　1人なら得な行動でも、大勢が同じことをすると良い結果にならない。

2　全体としては得になる行動でも、一人ひとりにとっては得にならない。

3　全員が同じことを考えて共に行動することで、社会全体が動いている。

4　一人ひとりが自由に行動することで、結果的に集団としてまとまる。

⑷

　以下は、幼稚園の運動会についての保護者への案内である。

みなみ幼稚園　保護者の皆さま

10月5日（土曜日）、運動会が行われます。

運動会にお越しの際には、次のことにお気を付けください。

1　駐車場はありませんので、公共交通機関をご利用ください。

　　※自転車の利用はもちろんけっこうです。

2　熱中症対策として、帽子の着用、飲み水の携帯をお願いいたします。

　　※園児、ご家族の皆さま同様です。

3　ご家庭の皆さまが召し上がるものは、それぞれご用意ください。

　　※園児たちには給食のお弁当があります。

4　ご家庭の皆さまに加わっていただく種目もありますので、奮（ふる）ってご参加ください。

　　※おけがのないよう、十分にご注意お願いいたします。万一けがをされた場合は本部に救

　　　急チームがおりますので、すぐにお越しください。薬等の用意もございます。

　　　それでは、どうぞお楽しみください!!　お待ちしております。

みなみ幼稚園教職員一同

58　運動会に来るときはどうしてほしいと言っているか。

1　けがをした時のために薬を持って来てほしい。

2　けがをしないように軽く運動してから来てほしい。

3　運動会を見に来る家族のお弁当を持って来てほしい。

4　この幼稚園に通う子どものお弁当を持って来てほしい。

【ベスト模試 N2 第 1 回】

(5)

　以下は、子どもの「動物はなぜいるの」という質問に答えた文章である。

　地球に最初の生き物が現れてまもなく、その最初の生き物を食べる別の生き物が現れました。これは、とてもふしぎなことですが、おそらく生き物には、「少しでも楽に栄養をとって、子孫をのこそう」という性質があるからと考えられます。

　つまり、生き物と生き物には、くさりのようにつながって生きていく、ある「決まり」があるようです。

　その直後、地球に太陽の光を利用して生きる「植物」が現れたときにも、その植物を食べて生きる「動物」が現れたのです。

（学研キッズネット〈https://kids.gakken.co.jp/kagaku/110ban/text/1134.html〉2019年2月22日取得による）

59　その直後とはいつか。

1　地球に最初の生き物が現れた直後

2　最初の生き物を食べる別の生き物が現れた直後

3　楽に栄養をとって子孫をのこした直後

4　くさりのようにつながった生き物が現れた直後

問題11　次の(1)から(3)の文章を読んで、後の問いに対する答えとして最もよいものを、
　　　　1・2・3・4から一つ選びなさい。

(1)

　私たちは、野生動物の行動を誤解することがよくある。かつてライオンやトラを凶暴な動物、キツネやタヌキをずる賢い動物と見なしていた。そう見えたのは、人間が彼らを追い詰めて敵対的な行動を取らせ、それを人間に都合がいいように解釈してきたからである。いわば、人間が作った「物語」である。このような「物語」は動物たちに大きな悲劇をもたらすことがある。
　私が研究しているゴリラはその格好の例である。19世紀の中頃にアフリカで初めてゴリラに出くわしたヨーロッパの探検家たちは、ゴリラをとても凶暴で好戦的な動物と見なした。それは、二足で立ち上がり、てのひらで交互に胸をたたくドラミングとよばれる行動を、戦いを宣言していると解釈したからだった。ドラミングをするゴリラのオスを見て、襲われる恐怖におびえた探検家たちは銃の引き金を引いてゴリラを撃ち殺したのである。やがて、ゴリラをモデルにした「キング・コング」という映画が製作されて世界の人気をさらい、人々はますますゴリラを暴力の権化、戦い好きな怪物と見るようになった。
　私がアフリカで野生のゴリラを研究するようになったのは、もう30年以上も前のことだ。まだゴリラは暴力的で恐ろしい動物と考えられていた。しかし、ゴリラの群れの中に入ってじっくり観察できるようになると、このイメージは人間によって作られたもので、大きな間違いであることがわかってきた。

（山極寿一「作られた「物語」を超えて」『国語3』光村図書による）

60　①「物語」とあるが、筆者はこの「物語」についてどう考えているか。
　1　敵対的な行動をする野生動物の勇敢さを、人間の目でとらえた話である。
　2　追い詰められた野生動物の行動を詳しく観察した、科学的な話である。
　3　人間が野生動物をくわしく観察し、その特徴を正確に述べた話である。
　4　人間が野生動物の行動を勝手に解釈して作った、誤解だらけの話である。

61 ②からだったとあるが、何の理由を述べているか。

  1 人間が、ゴリラを、凶暴で好戦的な動物だと考えた理由

  2 ゴリラが、胸をたたくドラミングという行為を行う理由

  3 ゴリラが、人間に対して戦いを宣言している理由

  4 人間が、ゴリラを、銃で撃ち殺した理由

62 ③大きな間違いであるというのは、どういう意味か。

  1 ゴリラのイメージが人間によって作られたという考えは、間違っている。

  2 ゴリラが暴力的で恐ろしい動物だというイメージは、間違っている。

  3 ゴリラの群れの中に人間が入って観察するという方法は、間違っている。

  4 今までの動物観察の方法は、動物の身近に接していないため、間違っている。

読解

　　　　【ベスト模試 N2 第 1 回】

　「掃除をするのにも掃除の勉強を専門学校でしていないとだめなんだよね」と冗談を言う人がいるが、それほどこの国では勉強と仕事が強く結びついている。ウェイトレスになるにも食品産業やサービスの教育を受けているほうが就職のときに断然有利だし、女優になるにも演劇学校を出ていないとなかなかなれない。こういった①学歴社会の現実は、「これを勉強すれば新たな仕事のチャンスが増えるかもしれない、給料が増えるかもしれない、安定した職に就けるかもしれない」と学習意欲の向上にも役立っている。また、失業率が高く、就職がむずかしく、リストラの不安が常につきまとうという厳しい現実があるフィンランドでは、今ある仕事を守り、ステップアップしていくにはいやが上にも自分の能力を磨き、知識を身につけていくしかない。（中略）

　しかしこれだけ教育に力を入れている国であっても、受験戦争といった競争もプレッシャーも学校や家庭にない。むしろのんびりとした、おおらかな空気が漂っている。それは中学での選択が一生を決めてしまうということではなく、回り道をしても、迷いながらも、いくらでもやり直しがきく社会や環境があるおかげであろう。教育は何も親のためや強制されるものではなく、自分の身を守るための、そして能力を高めるための切り札であり、努力したぶん、いずれ自分にプラスになって返ってくるという②意識がこの国にはある。

（堀内都喜子『フィンランド豊かさのメソッド』集英社による）

（注）この国：ここでは、フィンランド

63 この国の①学歴社会とは、どのような社会か。

1　女優のような職業も大学教育を必要とする社会

2　有名な大学を出れば大企業に就職できる社会

3　仕事を得るにはその専門の勉強が必要な社会

4　小中学生の頃から受験勉強を必要とする社会

64 この国の学校や家庭は、どんな様子か。

1 失業率が高く就職が難しいため、厳しく張りつめた雰囲気がある。

2 今の仕事を守るために必死で働いているため、両親が常に忙しい。

3 自分の生活が定まらず、回り道をしたり迷ったりしている人が多い。

4 人生はやり直せるという環境であるため、のんびりとした雰囲気である。

65 ②意識とは、どんな意識か。

1 中学での選択で一生が決まるから、子どものころから自分の将来を考える。

2 教育を受けるのは、自分の能力を高め自分の人生を築くためだ。

3 社会や親の支えという環境があってこそ、子どもの教育ができる。

4 自分が努力することで、周囲の環境を変えることができる。

(3)

　日英の翻訳・通訳作業には、（中略）、英語で表現する前に、大きな課題があります。それは、日本語の読解です。日本人は日本語が分かるのは当たり前ではないかと思う人もいるかもしれませんが、必ずしもそうではないのです。通訳では、訳す前に発言の内容を整理する力量が問われます。

　まず、日本語では、時として何を指すかが明らかでない指示代名詞が多く使われます。これを理解するには、背景の知識が大きくものをいいます。あるとき、都市の歴史について、著名な教授の講演があり、同僚の通訳が「日本語がまったく分からない」とこぼしていたことがありました。無理もないことですが、私は都市の歴史について多少の予備知識があったために、何の苦もなく彼の議論についていくことができました。

　（中略）

　しかし、どんな人でも森羅万象（注）すべてのことに精通しているなどということはあり得ません。そこで通訳者は仕事のたびに新しいことを勉強する必要があります。新しいことを勉強するのはたいへんでもありますが、楽しくもあります。何度も同じ分野の仕事をしているうちに、その道の専門家に近くなります。別々に学んだものが実は関連があることが分かって、いっぺんに、断片的な情報から相互につながった体系的な知識になることもあります。ひとつの核になるような知識があると、ここから理解できる範囲がどんどん広がっていくこともあります。私の場合には、経済学をかなり勉強したことがとても役にたちました。これはわくわくするような体験です。

（近藤正臣『通訳者のしごと』岩波書店による）

（注）森羅万象：宇宙に存在するすべてのもの

66　①「日本語がまったく分からない」とはどういうことか。

1　外国人である自分には、日本語で話す教授の話が分からない。

2　外国人である自分には、日本語という言語が分からない。

3　自分は日本人なのに、日本語で話す教授の話が分からない。

4　自分は日本人なのに、日本語という言語が分からない。

67 ②これは何をさしているか。

1　著名な教授の議論についていくこと

2　何度も同じ分野の仕事をすること

3　断片的な情報が体系的な知識になること

4　経済学を深く勉強すること

68　この文章の内容とあっているのはどれか。

1　通訳・翻訳には言語的な知識以外に歴史と経済の知識が必要だ。

2　通訳・翻訳には森羅万象に精通していることが求められる。

3　その道の専門家になってはじめて通訳・翻訳の仕事ができる。

4　背景となる知識を持っていることが通訳・翻訳には有効だ。

　【ベスト模試 N2 第 1 回】

問題12　次のＡとＢの文章を読んで、後の問いに対する答えとして最もよいものを、1・2・3・4から一つ選びなさい。

A

　　仕事について相談できる人が周りにいるかどうかが仕事のストレスに影響する——。こんな調査結果が出た。仕事でどうすればいいか分からなくなった時にアドバイスしてくれる人がいれば、悩まなくてもすむし気も楽になるということだろう。また、既婚者より未婚者のほうがストレスを抱えやすい、という結果も出た。普通、既婚者より未婚者のほうが気楽な生活を送っていてストレスがなさそうな印象があるが、そうではない。家に帰っても誰もおらず、一人でストレスに向き合わなくてはならない独身者より、家に話を聞いてくれる人がいる既婚者のほうがストレスがたまらないということだ。つまり、だれかに話を聞いてもらうことがストレスを軽くするのに有効だということになる。

B

　　どうすればストレスを軽くすることができるか、というご相談ですね。一口にストレスといっても、原因は様々です。仕事、人間関係、自分自身のことなど。ここにこんな調査結果があります。ストレスの原因について、だれかに相談することができる人とできない人では、ストレスのたまり方が違うというものです。もしあなたのストレスが仕事のことなら、職場に相談できる人がいるでしょうか。また、会社であったことを家で聞いてくれる人がいるでしょうか。もし、だれもいないとしたら、ストレスはどんどん大きくなります。もし仕事のことで悩んでいる時、上司がアドバイスしてくれたら随分楽になるでしょう。会社での悩みを家族に話せば、これも随分楽になるはずです。ストレスをためないためには、だれかに聞いてもらうようにするといいのです。

69 ストレスについて、ＡとＢは何を、またはどんな立場で述べているか。

1　Ａは調査をした理由について、Ｂはストレスの原因について述べている。

2　Ａは調査結果について述べ、Ｂは調査結果を基に相談者にアドバイスしている。

3　ＡもＢも調査結果に対する自分の意見を述べている。

4　Ａは会社員に、Ｂは相談者に、調査結果を使ってアドバイスしている。

70 考え方として、ＡとＢに共通していることは何か。

1　残業時間が増えるとストレスがたまるということ

2　ストレスにはいろいろな原因があるということ

3　相談できる人がいればストレスは軽くなるということ

4　残業がストレスの原因になっているということ

問題13 次の文章を読んで、後の問いに対する答えとして最もよいものを、1・2・3・4から一つ選びなさい。

「金で解決できると思っているのか？」と怒る人がいるけれど、たいていの場合、結局は金で解決するしかないのである。これは綺麗とか汚いといった問題ではない。そもそも、金は綺麗でもないし汚くもない。金というのは「数字」である。数字が汚いといっても意味がない。数字にしようとする人間が汚いということらしいが、しかし、数字にしないと「気持ち」とか「心」なんてものは伝わらないのだから、<u>しかたがない</u>。
　個人と個人、個人と集団、集団と集団、いろいろなトラブルがあって、争いになる。とにかく、金で解決をしよう、というのが近代的なシステムである。そうでない場合は、殴り合いになり、戦争になる。勝った方は、正しいから勝ったのではなく、力が勝っていたというだけだから、力で押さえ込まれた方はその場は黙っていても、いずれ仕返しをするだろう。時間が経つと、またそのトラブルを蒸し返し、全然解決していなかったことがわかる。
　金で解決するのも、なにか力で捩じ伏せられた印象を抱くのだろう。しかし、金をもらえば、少なくとも「利」がある。これが、力で捩じ伏せられた場合と大きく違っている。ようするに、「交換」なのだ。これ以外にトラブルを解決する方法はないといっても良い。
　気持ちが収まらない、という感情はわかる。自分は怒っている。金なんかほしくない。しかし、ではどうしたいのかというと、仕返しがしたい、相手にも惨めな思いをさせたい、という暴力的なことばかりで、それでは、自分が怒っているその相手の「悪事」を自分も働きたいという理屈になる。仕返しも戦争も、これである。
　どう考えても、<u>正しくはない</u>。金で解決する道を模索した方が賢明だ。少なくとも、そちらの方が「正しい」に近い。相手が汚いからといって、自分まで汚くなる必要はない。金をもらって許してやることは、けっして汚いことではない。
　絶対に許せない、という場合もある。そういう怒りというものは、たしかにあると思う。相手を殺しても足りない。自分が殺人者になっても良い。それくらいの思いというものも、存在すると思う。だが、そこまでの自己犠牲で何が生まれるのか、と考えれば、多少は冷静になって、自分を生かすことができるかもしれない。
　もし、金で解決ができないものがあっても、「時間」と金をともにかければ、「僅かでも」解決に近づける、と考えてはどうだろうか。

（森博嗣『常識にとらわれない100の講義』大和書房による）

（注１）蒸し返す：一度解決したことを再び問題にする
（注２）捩じ伏せる：強引に押さえつける

71　①しかたがないというのは何がしかたがないのか。

1　金では気持ちが伝わらないということ

2　問題を金で解決することはできないということ

3　問題を金で解決しようとすること

4　金で解決するのは汚いと考えること

72　②正しくはないというのは何が正しくないのか。

1　金をもらうと利があると考えること

2　相手を力で押さえつけること

3　相手がはらう金を受け取らないこと

4　相手にされたことを自分もすること

73　筆者が言いたいことは何か。

1　金はトラブルを解決する手段として有効であるということ

2　冷静になれば、絶対に許せないという怒りも収まるということ

3　トラブルを力で解決することも時には必要であるということ

4　金で解決された問題は、時間が経つと蒸し返されるものだということ

問題14　右のページは、「きよみず市営プール」の利用のお知らせである。下の問いに
　　　　対する答えとして最もよいものを、1・2・3・4から一つ選びなさい。

74　グェンさん一家は、夏休みに市営プールを利用しようと思っている。夫婦、高校生1名、小学
　　生1名、5歳の幼稚園児1名である。夫婦と小学生の子どもは1回分の料金を払うが、高校生の
　　子どもと幼稚園児は一緒に10回以上来るつもりなので、回数券があればそれを買う。一家は全部
　　でいくら払うか。

　　1　2,400円

　　2　2,600円

　　3　2,700円

　　4　3,700円

75　マックスさんは今日仕事のあと、久しぶりにプールで泳ぎたい。今日は9月6日金曜日で、午
　　後6時から市営プールへ行こうと思っている。プールは利用できるか。

　　1　メインプールだけ利用できる。

　　2　サブプールだけ利用できる。

　　3　メインプールもサブプールも利用できる。

　　4　ホームページか館内掲示を見ないとわからない。

きよみず市営プールのご利用について

◆利用時間◆

① メイン　50mプール　　午前9時～午後9時

② サ　ブ　25mプール　　4月～9月：午前9時～午後9時

　　　　　　　　　　　　　　10月～3月：閉館

◆休館日◆

① 毎週月曜日　※月曜日が祝日の場合はその翌日

② 年末年始：12月30日～1月3日

③ 施設保守点検日：各月最終日（年間12日）

④ その他の一般利用できない日

　　　　ア．各種競技大会開催時

　　　　イ．競技力向上利用等の専用利用時

　　　　ウ．その他団体の利用時

※休館日・利用時間等の変更は、ホームページ・館内提示等で随時お知らせしますので、
　必ずご覧ください。

◆利用料金◆

利用区分	料金		利用区分	料金	
1回利用券	一般	300円	**11回分回数券**	一般	3,000円
	高校生	200円		高校生	2,000円
	小中学生	100円		小中学生	1,000円

※団体割引

　　10名以上：総額の2割引

　　30名以上：総額の3割引

※小学校にまだ入学していないお子様、70歳以上の方、障がい者の方は無料です。

◆注意点など◆

① 70歳以上の方は証明書を受付に提示してください。

② 障がい者の方は証明書を受付に提示してください。

③ 障がい者の介助者は1名無料になります。介助者は、障がい者が退場するまで常に付
　き添ってください。

④ 小学3年生以下は保護者（中学生以上）の同伴が必要です。

N2

【ベスト模試　第１回】

聴解

（50分）

注　　意
Notes

1. 試験が始まるまで、この問題用紙を開けないでください。
   Do not open this question booklet until the test begins.

2. この問題用紙を持って帰ることはできません。
   Do not take this question booklet with you after the test.

3. 受験番号と名前を下の欄に、受験票と同じように書いて
   ください。
   Write your examinee registration number and name clearly in each box below as
   written on your test voucher.

4. この問題用紙は、全部で13ページあります。
   This question booklet has 13 pages.

5. この問題用紙にメモをとってもかまいません。
   You may make notes in this question booklet.

受験番号　Examinee Registration Number	

名前　Name	

問題 1

問題1では、まず質問を聞いてください。それから話を聞いて、問題用紙の1から4の中から、最もよいものを一つ選んでください。

例

1　全体のこうせいを考え直す

2　新しいデータを付け加える

3　教室で練習をする

4　機材をチェックする

1番

1　グループに分かれる

2　寝る

3　果物を食べる

4　けいさんをする

2番

1　9時

2　10時

3　11時

4　12時

3番

1　ホームページのこうしん

2　ダイレクトメールのはっそう

3　セールのかざりのかくにん

4　商品のざいこチェック

4番

1　会議室のセッティングをする

2　プレゼン用のきざいをためしてみる

3　しりょうをコピーする

4　部長と話す

5番

1　朝のアルバイトの人数をふやす

2　コーヒーカップのおき場所を変える

3　パン類のおき場所を変える

4　ドーナツのかずをふやす

問題2

　問題2では、まず質問を聞いてください。そのあと、問題用紙のせんたくしを読んでください。読む時間があります。それから話を聞いて、問題用紙の1から4の中から、最もよいものを一つ選んでください。

例

1　朝、寝坊したから
2　いつもの電車に乗れなかったから
3　電車の中に忘れ物をしたから
4　電車の中で寝てしまったから

1番

1　めんせつの日に行けないから

2　もうぼしゅう人数がそろったから

3　おうぼできるじょうけんがそろっていないから

4　もうしこみのしめきりが過ぎているから

2番

1　外国人にわかりやすいことばにする

2　正しい日本語を使うようにする

3　文字を少なくする

4　写真を入れてデザインを変える

3番

1 おふろに入ったあと、体が温かくなるから

2 おふろに入ったあと、よくねむれるから

3 おふろに入っているとき、音楽がきけるから

4 おふろに入っているとき、電話できるから

聴解

4番

1 よくかきまぜてほしいと言っている

2 なんどもかきまぜないでほしいと言っている

3 たまごのおすしを作ってほしいと言っている

4 うすいたまごやきを作ってほしいと言っている

5番

1 若者がよく知っている人が出ている点

2 ふつうの人のふつうの日を見せている点

3 音楽とえいぞうがとても美しい点

4 ことばを使わず音楽だけで作られている点

6番

1 もう大人になっていたから

2 薬を飲んでこうかがあったから

3 薬を飲んだと信じていたから

4 ドライブがかいてきだったから

聴解

　問題3では、問題用紙に何もいんさつされていません。この問題は、全体としてどんな内容かを聞く問題です。話の前に質問はありません。まず話を聞いてください。それから、質問とせんたくしを聞いて、1から4の中から、最もよいものを一つ選んでください。

ーメモー

問題 4

問題4では、問題用紙に何もいんさつされていません。まず文を聞いてください。それから、それに対する返事を聞いて、1から3の中から、最もよいものを一つ選んでください。

－メモ－

もんだい
問題 5

問題5では、長めの話を聞きます。この問題に練習はありません。問題用紙にメモをとってもかまいません。

1番、2番

問題用紙に何もいんさつされていません。まず話を聞いてください。それから、質問とせんたくしを聞いて、1から4の中から、最もよいものを一つ選んでください。

ーメモー

3番

　まず話を聞いてください。それから、二つの質問を聞いて、それぞれ問題用紙の1から4の中から、最もよいものを一つ選んでください。

質問1

1　赤
2　青
3　緑
4　白

質問2

1　赤
2　青
3　緑
4　白

N2

【ベスト模試　第2回】

言語知識（文字・語彙・文法）・読解

（105分）

注　意
Notes

1. 試験が始まるまで、この問題用紙を開けないでください。
   Do not open this question booklet until the test begins.

2. この問題用紙を持って帰ることはできません。
   Do not take this question booklet with you after the test.

3. 受験番号と名前を下の欄に、受験票と同じように書いてください。
   Write your examinee registration number and name clearly in each box below as written on your test voucher.

4. この問題用紙は、全部で33ページあります。
   This question booklet has 33 pages.

5. 問題には解答番号の　1 、 2 、 3 … が付いています。解答は、解答用紙にある同じ番号のところにマークしてください。
   One of the row numbers 1 , 2 , 3 … is given for each question. Mark your answer in the same row of the answer sheet.

受験番号　Examinee Registration Number	

名前　Name	

問題1　＿＿＿＿の言葉の読み方として最もよいものを、1・2・3・4から一つ選びなさい。

1　金メダルを取った選手の地元は、歓喜にわいていた。
　　1　ちもと　　　　　2　じもと　　　　　3　ちげん　　　　　4　じげん

2　相手の立場を考えて助言しないと、かえってマイナスになってしまう。
　　1　りつじょう　　　2　りつば　　　　　3　たちじょう　　　4　たちば

3　先日亡くなった作家は、数々の名作を残している。
　　1　かずかず　　　　2　すうすう　　　　3　かずがず　　　　4　すうずう

4　もう今日は遅くなりましたので、また改めて伺います。
　　1　あきらめて　　　2　あたためて　　　3　あらためて　　　4　あてはめて

5　彼は頑固で、自分の主張を変えない。
　　1　しゅっじょう　　2　しゅうちょう　　3　しゅじょう　　　4　しゅちょう

問題2 ＿＿＿の言葉を漢字で書くとき、最もよいものを1・2・3・4から一つ選びなさい。

6 自分のとくいなことを伸ばしたい。

1　特意　　　　2　得意　　　　3　特位　　　　4　得位

7 お幸せをおいのりします。

1　神り　　　　2　礼り　　　　3　祈り　　　　4　祝り

8 直前に予定がへんこうされることもあります。

1　返考　　　　2　返行　　　　3　変交　　　　4　変更

9 要らないメールをさくじょする。

1　削除　　　　2　割徐　　　　3　省徐　　　　4　掃除

10 人手が足りないので、おぎなうことにした。

1　保う　　　　2　護う　　　　3　捕う　　　　4　補う

問題3 （　　　）に入れるのに最もよいものを、1・2・3・4から一つ選びなさい。

11 会議では、我が社がかかえる（　　　）問題について話し合った。
1 複　　　　　2 皆　　　　　3 諸　　　　　4 雑

12 朝食（　　　）では、力が出ないので、ちゃんと食べましょう。
1 抜き　　　　2 除き　　　　3 取り　　　　4 欠け

13 事故を起こした運転手は、（　　　）免許運転だったそうだ。
1 不　　　　　2 無　　　　　3 否　　　　　4 失

14 うちの工場では、働き（　　　）が足りなくて困っている。
1 手　　　　　2 足　　　　　3 人　　　　　4 口

15 パスポートをなくしたので、（　　　）発行してもらわなければならない。
1 次　　　　　2 急　　　　　3 新　　　　　4 再

問題4　（　　　　）に入れるのに最もよいものを、1・2・3・4から一つ選びなさい。

16　新宿の街は、若者が多く（　　　　）にあふれています。

1　元気　　　　　2　発展　　　　　3　活気　　　　　4　活発

17　これからは外国、つまり（　　　　）文化との交流がますます増えるだろう。

1　ととのった　　　2　ことなった　　　3　まじわった　　　4　さからった

18　道が（　　　　）していて、遅くなってしまいました。

1　遅刻（ちこく）　　2　満員（まんいん）　　3　渋滞（じゅうたい）　　4　充実（じゅうじつ）

19　そんなに緊張しないで、もっと（　　　　）してください。

1　リフォーム　　　2　リタイア　　　3　リラックス　　　4　リノベーション

20　もうすぐ試験だというのに、そんなに（　　　　）していて大丈夫なの？

1　のんびり　　　　2　すんなり　　　　3　そっくり　　　　4　しっかり

21　このブランドのバッグ、（　　　　）偽物（にせもの）ですよ。マークが少し違っています。

1　ほがらかに　　　2　あきらかに　　　3　さわやかに　　　4　なごやかに

22　この車は、友達から30万円で（　　　　）もらったものです。

1　ゆずって　　　　2　つかんで　　　　3　とどいて　　　　4　わたして

問題5 ＿＿＿の言葉に意味が最も近いものを、1・2・3・4から一つ選びなさい。

23 この問題は、ずいぶん<u>ややこしい</u>ですね。

1　簡単　　　　　2　困難　　　　　3　複雑　　　　　4　単純

24 必要な物は、<u>あらかじめ</u>用意します。

1　前もって　　　2　最初に　　　　3　後で　　　　　4　必ず

25 うちの会社は、<u>リゾート</u>の開発をしています。

1　牧草地　　　　2　住宅地　　　　3　遊園地　　　　4　保養地

26 彼らは<u>陽気</u>な人たちです。

1　おしゃべりな　2　落ち着いた　　3　明るく楽しい　4　少し変わった

27 明日の会議のこと、<u>了解</u>しました。

1　聞きました　　2　わかりました　3　伝えました　　4　知らせました

問題6　次の言葉の使い方として最もよいものを、1・2・3・4から一つ選びなさい。

28　たちまち

1　太郎君は、家に帰るとたちまち宿題をやり始めた。

2　新商品は、売り出されるとたちまち売り切れてしまった。

3　救急車は、病人をたちまち病院に連れて行ってくれた。

4　信号が青になり、多くの人がたちまち道を渡り始めた。

29　会談

1　いっしょに旅行に行く友達と会談した。

2　実家をどうするかについて、兄や姉と会談をした。

3　母親たちが子供を遊ばせながら公園で会談している。

4　A国の大統領とB国の首相が会談した。

30　深刻

1　朝起きて、深刻に呼吸をすると気持ちがいい。

2　地球の温暖化はますます深刻になっている。

3　博君と洋子さんは、深刻に付き合っている。

4　今日は事故で電車が遅れて、深刻な遅刻をした。

31　抱える

1　小さい子供を3人抱えて、母親は大変そうだ。

2　ピーナツを一つぶずつ抱えながらお酒を飲んだ。

3　庭の木がハチの巣を抱えているので、近づけない。

4　みんな、ワイングラスを片手に抱えて、乾杯した。

32　一気に

1　テストの問題を一気に考えたけれど、わからなかった。

2　高速道路を走っていると、富士山が一気に見えてきた。

3　二つの仕事を同時にするより、一気に集中したほうがいい。

4　今日買った本は面白くて、一気に読んでしまった。

問題7　次の文の（　　　）に入れるのに最もよいものを、1・2・3・4から一つ選びなさい。

33　プレゼントをもらった祖母は、少女に戻った（　　　）喜んだ。

1　ほど　　　　　　2　らしく　　　　　3　かのように　　　4　そうに

34　カナダから来た友人は、日本の物を何でも（　　　）、あれこれ質問している。

1　めずらしくて　　　　　　　　　2　めずらしくして

3　めずらしがって　　　　　　　　4　めずらしいので

35　マスコミ（　　　）得た情報には、正確でないものも多くある。

1　にとって　　　2　にわたって　　　3　を込めて　　　　4　を通じて

36　（社内メールで）

　今日家を出るとき急いでいた（　　　）ですから、書類を忘れてきてしまいました。すみませんが、明日でもよろしいでしょうか。

1　の　　　　　　　2　こと　　　　　　3　もの　　　　　　4　ため

37　高木「このコピー、カラー（　　　）ダメ？」
　　橋本「そうなの。カラーでって、部長に言われたの。」

1　じゃなきゃ　　　2　じゃなくて　　　3　だって　　　　　4　なんて

38　カバンに入れた（　　　）のカギが見つからず、あちこち探し回った。

1　こと　　　　　　2　わけ　　　　　　3　べき　　　　　　4　はず

39 同僚の山中（やまなか）さんはとても足が速い。大学時代、短距離（たんきょり）の選手だった（　　　　）。

1　だけのことはある　　　　　　　　2　ぐらいのことだ

3　わけにはいかない　　　　　　　　4　というものだ

40 日本人に、今100万円の自由になるお金が手元（てもと）にある（　　　　）どんなことをしたいか、という質問をすると、ほどんどの人が「貯金」と答えるそうだ。

1　からには　　　　2　として　　　　3　ものの　　　　4　には

41 先日小学校を訪問したら、校内の壁に「海をきれいにしよう」とか「ゴミを減らそう」というポスターが貼ってあった。子供たちにも自然を守ろうという意識が（　　　　）のを感じた。

1　広まるしかない　　　　　　　　2　広まりかねない

3　広まりつつある　　　　　　　　4　広まってばかりいる

42 近所に新しいレストランができたので行ってみたが、高い（　　　　）味は今一つだった。もう二度と行くことはないだろう。

1　ながら　　　　2　あげく　　　　3　わりに　　　　4　たびに

43 （ホテルで）

従業員「お客様、雨が降っていますから、この傘（かさ）をお持ち（　　　　）。」

客「ありがとうございます。」

1　しましょう　　　　　　　　2　ください

3　になります　　　　　　　　4　してください

44 安い値段で物を売るビジネスがはやっている。しかし私は、労働者にきちんとした給料を支払っているかどうかという点で、安すぎるのは問題（　　　　）と思っている。

1　なんじゃない　　　　　　　　2　なんじゃないか

3　じゃない　　　　　　　　　　4　だろうか

（問題例）

あそこで ＿＿＿＿ ＿＿＿＿ ＿★＿ ＿＿＿＿ は佐藤さんです。

1　本　　　　　2　読んでいる　　3　を　　　　　4　人

（解答のしかた）

1．正しい文はこうです。

あそこで ＿＿＿＿＿＿ ＿＿＿＿＿＿ ＿★＿＿＿ ＿＿＿＿＿＿ は佐藤さんです。
　　　　　1　本　　　3　を　2　読んでいる　4　人

2．＿★＿に入る番号を解答用紙にマークします。

（解答用紙）　（例）　① ● ③ ④

45　その上着、＿＿＿＿ ＿★＿ ＿＿＿＿ ＿＿＿＿ にください。
　　1　私　　　　　2　くらい　　　3　捨てる　　　4　なら

46　山田氏は、事故で大けがを ＿＿＿＿ ＿＿＿＿ ＿★＿ ＿＿＿＿ に違いない。
　　1　今ごろ　　　　　　　　　　　2　して
　　3　いなければ　　　　　　　　　4　総理大臣になっていた

47　お国のお母さんがどんなに ＿＿＿＿ ＿★＿ ＿＿＿＿ ＿＿＿＿ 考えたことがありますか。
　　1　心配している　　2　あなたのこと　　3　か　　　　　4　を

48 性別や国籍 ＿＿＿＿ ＿★＿ ＿＿＿＿ ＿＿＿＿ 活躍できる会社に就職したいと思っています。

　　1　かかわらず　　　2　に　　　　　　　3　でも　　　　　　4　だれ

49 ナイフのような ＿＿＿＿ ＿＿＿＿ ＿★＿ ＿＿＿＿ 積極的に使わせるほうがいい。

　　1　子供に理解させる　　　　　　　2　使わせないようにするより

　　3　道具の危険性を　　　　　　　　4　には

文法

問題9　次の文章を読んで、文章全体の内容を考えて、　50　から　54　の中に入る
　　　　最もよいものを、1・2・3・4から一つ選びなさい。

以下は、日本の日本語学校で教えている教師が書いたエッセイである。

　　外国人、特に欧米の国からの学習者が口をそろえて言うのは、彼らが日本語を話すと日本人に例外なくほめられる、ということである。彼らの国だったら、例えば日本人が少しぐらい英語を話してもほめられることは絶対ない。　50　、「何言ってるかわからない」という顔をされてしまうだろう。

　　ある学習者は、一言話しただけでほめられるのは、逆に困る、と本気で言っていた。

　　彼女は、初めて日本人にほめられた時のことをはっきりと覚えている。話し相手の日本人が言った「ペラペラですね」という言葉が、　51　のだ。あとで辞書で調べて「ペラペラ」は「流暢に」つまり「上手に話す」という意味だとわかり、一人で大笑いしたそうだ。

　　「　52　本人が、その日本語が全然わからないんだから、本当に笑っちゃいました。」と彼女。「上手だって　53　から、わかるように話してほしい。」と真顔になって付け加えた。

　　この話は、日本語教師としての私に多くのことを教えてくれた。まず、私たちは、日本で日常的にどんな言葉が使われているかよく　54　のではないか、そして初級からそういう言葉を教えたほうがいい、ということだ。もちろん、「上手ですね」とすぐ言ってしまうのをやめようとも思った次第である。

50

1　それどころか　　　　　　　　　　2　それにしても

3　そうはいっても　　　　　　　　　4　それにもかかわらず

51

1　とてもうれしかった　　　　　　　2　全然うれしくなかった

3　よくわかった　　　　　　　　　　4　全然わからなかった

52

  1　ほめている　　　　　　　　　　2　ほめられている

  3　ほめていない　　　　　　　　　　4　ほめられていない

53

  1　言ってもらいたいと思う　　　　　2　言ってくれなくてもいい

  3　言われたことがない　　　　　　　4　しょっちゅう言われている

54

  1　考えることはない　　　　　　　　2　考えないといけない

  3　考えようとしている　　　　　　　4　考えてはいけない

問題10　次の(1)から(5)の文章を読んで、後の問いに対する答えとして最もよいものを、
　　　　　1・2・3・4から一つ選びなさい。

(1)

　バニラの甘い匂いはよく知られている。しかし、バニラ自体が甘いわけではない。バニラはアイ
スクリームやケーキなど甘いお菓子によく使われるから、バニラの味がいつの間にか甘く感じられ
るようになったのである。これも子供の頃からの学習の結果の錯覚である。ちなみにバニラの味は
苦い。お菓子には少ししか使わないからわからないけれど。

　チョコレートやココアの香りもそうだ。甘い香りは、チョコやココアの味の記憶から来る。

（伏木亨『おいしさを科学する』筑摩書房による）

（注1）バニラ：植物からとれる食品用の香料
（注2）錯覚：見え方や聞こえ方など五感による認識が、実際とは違っていること。

55　そうだとは、どういうことか。
　1　バニラの甘い匂いがする
　2　甘いと感じるのは錯覚だ
　3　お菓子には少ししか使わない
　4　子供の頃から記憶に残っている

― 14 ―

(2)

　「百回叩けばこの壁は破れる」と言われれば、誰でも百回叩くでしょう。けれど、ほとんどの壁は、何回叩けば破れるか誰にもわからない。ずっと叩き続けるうちに、「自分は何をやっているんだろう」と嫌気がさすこともあります。

　そこであきらめてしまう人もいれば、みごとに壁をぶち破る人もいる。もしかしたら二人の差は、あと一回、壁を叩くことができたかどうかの違いだけかもしれません。

（松岡修造『本気になればすべてが変わる―生きる技術をみがく70のヒント』文藝春秋による）

56　筆者の最も言いたいことは何か。

1　壁は百回叩いたからといって、破れるものではない。

2　同じことを続けていると、嫌になることもあるものだ。

3　嫌になってもあと一回叩ける人があきらめない人だ。

4　あきらめないで続ければ、うまくいくかもしれない。

読解

(3)

　以下は、「コミュニケーション」ということばの略語について述べた文章である。

　街で、コピーライター養成講座のポスターを見かけました。〈コピー力は、コミュ力である〉と訴えています。「コミュ力」とは「コミュニケーション能力」のこと。文が長くなることを避けて、短く「コミュ力」と言っています。

　ネット時代、お互いのやりとりがこれまでになく頻繁になり、ようやく「コミュ」という略語が現れました。ほかに、コミュニケーション障害を「コミュ障」とも言います。これは失礼にもなる言い方です。

　現在のところは「コミュ○○」の形で使いますが、いずれは「コミュ」単独で使う日も来るでしょうか。将来の会話では、「お互い、もっとコミュを取らなければ」などと言っているかもしれません。

（飯間浩明　朝日新聞 2018年11月24日による）

57　この文章の内容と合っているのはどれか。

1　ネット上で「コミュ○○」という略語を使うのは失礼になる。

2　ネット上では略語が使われ、「コミュニケーション」という形は使われなくなった。

3　近年、「コミュ○○」という形の略語が使われ始めている。

4　近年、「コミュ」単独の形で使われる略語の例が見られるようになった。

以下は、ある会社の社内文書である。

2019年3月20日

社員各位

総務課長

コピーの使用についてのお願い

　昨年4月、コピー使用の無駄をなくすよう皆様にお願いした結果、7〜9月期にはコピー枚数が前期比8割程度にまで減少し、10月期以降も節約された状態が続いています。ご協力ありがとうございます。

　しかし、最近カラーコピーの増加が顕著になっています。カラーコピーは白黒に比べ、4倍ほどのコストがかかります。本当にカラーでなければならないコピーかどうか、十分検討の上、使用は必要最小限にとどめるようにお願いします。

　また、コピーに失敗した紙の裏面を使用するなど、紙の節約にも引き続きご協力お願いいたします。

58　この文書の一番の目的は何か。

1　コピー枚数の減少状況を報告すること

2　コピー枚数をさらに減らすように求めること

3　カラーコピーの使い方の検討方法を提案すること

4　カラーコピーの枚数の減少を求めること

読解

(5)

　授業の最初に、「いろいろ話しあっても決まらないことが出てくると思うけど、そのときは多数決でもいいし、ジャンケンで決めてもいいよ」と話しておく。話しあってもムダなときは、ジャンケン(注)で決めていいと言うと子どもたちは驚いた顔をする。日頃先生からは、「きちんと話しあって決めなさい」と言われているのだろう。だが人生には、話しあっても結論の出ないことがたくさんある。話しあう必要のないこともたくさんある。何を話しあい、何はジャンケンで決めていいかを決定できる能力を身につけることが「大人になる」ということだと私は考えている。

（平田オリザ『わかりあえないことから—コミュニケーション能力とは何か』講談社による）

（注）ジャンケン：片手で石（グー）、はさみ（チョキ）、紙（パー）の形を作り、出した物によって
　　　　　　　　勝敗を決める遊び

59　筆者は「大人になる」ということはどういうことだと言っているか。

　1　多数決で決めるかジャンケンで決めるかを判断できるようになること

　2　話し合う必要があるかないかを判断できるようになること

　3　ジャンケンで決めたことを守るべきかを判断できるようになること

　4　何事もきちんと話し合って決める能力を身につけること

問題11　次の(1)から(3)の文章を読んで、後の問いに対する答えとして最もよいものを、
　　　　1・2・3・4から一つ選びなさい。

(1)

　「ルールが大切だ」ということを述べると、必ずある角度のついた解釈をされてしまいます。つまり、「倫理的にコントロールする」「規範的価値観を共有させる」など、「管理の強化」みたいな方向に誤解されるのです。規範意識を高めるといった表現で言い換えられると、妙に道徳的な行儀の良い子どもを育てようといった主張のように理解されることもあるかもしれません。

　ルールを大切に考えるという発想は、規則を増やしたり、自由の幅を少なくする方向にどうしても考えられてしまうのですが、私が言いたいことはそういうことではありません。むしろ全く逆なのです。

　ルールというものは、できるだけ多くの人にできるだけ多くの自由を保障するために必要なものなのです。

　なるべく多くの人が、最大限の自由を得られる目的で設定されるのがルールです。ルールというのは、「これさえ守ればあとは自由」というように、「自由」とワンセットになっているのです。

　逆にいえば、自由はルールがないところでは成立しません。

　「何でも好き勝手にやっていい」ということが自由だとしたら、無茶苦茶なことになってしまいます。人間というものは総じて自分の利益を最優先する傾向があるわけですが、「自分の利益のことしか考えない力の強い人」が一人いたら、複数の人間からなる社会における自由はもうアウトになります。この場合、誰か一人だけが自由で、残りの人はみんな不自由ということになりかねません。

（菅野仁『友だち幻想』筑摩書房による）

60　①角度のついた解釈とはどういう解釈か。

　　1　自由な行動をおさえる方向に発展させる解釈
　　2　自由な行動の範囲を広げる方向に発展させる解釈
　　3　ルールについての誤解を解こうとするような解釈
　　4　ルールに対する一般的な考え方を否定するような解釈

61 ②逆にいえばということで、筆者は何を述べようとしているか。

1 これまでは「自由」を主題に述べてきたが、これからは「ルール」を主題にする。

2 これまでは「ルール」を主題に述べていたが、これからは「自由」を主題にする。

3 これまでは「社会的な自由」を主題に述べてきたが、これからは「個人の自由」を主題にする。

4 これまでは「個人の自由」を主題に述べてきたが、これからは「社会的な自由」を主題にする。

62 筆者は、ルールとはどのようなものだと言っているか。

1 自分の利益を最優先するために必要な規制

2 人々が規範的価値観を共有するために必要な規制

3 人々が自由を得るために課せられる条件

4 ある特定個人の自由を保障するための条件

(2)

　私たちは、<u>昔のこと</u>はすでに過ぎ去ったことで、どうすることもできないと思いがちだ。確かに、「事
実」においてはそうである。10年前に起こった出来事を、今さら変えるわけにはいかない。現実になっ
てしまったことをいくら取り戻そうとしても、それは果たせないことなのだ。だからこそ、「後悔」
という感情の甘美さもある。

　一方で、私たちの過去に対する認識は変えることができる。むしろそれは、生きもののように変わっ
ていく。過去は、変化する。自分自身のうちで育てることができる。ここに、脳の働きからみた、
昔体験したことをふり返る意味があるのだ。

　<u>人間の脳</u>は、デジタル・コンピュータのように何でも区別して、その記憶の回路に収納するわけ
ではない。重要な出来事が起こると、感情の中枢である偏桃体が「先回り」して、「これは大切なこ
とだからよく覚えておこう」と側頭連合野や海馬を中心とする記憶の回路に「指令」を出すのである。

　だからこそ、昔のことで覚えている出来事があれば、それは自分にとって何か意味があることだっ
たはずなのだ。覚えていること自体が、その記憶の価値を保証している。遠い過去の思い出は、じっ
くりと向き合う価値がある。そして、その後の体験を積み重ねた分、成熟したはずの「目」で見直
してみればよいのだ。

（茂木健一郎『脳はもっとあそんでくれる』中央公論新社による）

（注１）中枢：中心となる重要なところ
（注２）偏桃体：脳の神経細胞の集まりで感情や短期的記憶に主要な役割を持つ。
（注３）側頭連合野：大脳皮質にあり、記憶の保管場所
（注４）海馬：記憶や空間学習能力にかかわる脳の器官

63　①<u>昔のこと</u>について、ここではどのように述べているか。

１　事実は変えられないが、それに対する認識は変えることができる。

２　もう変えることはできないので、今となってはどうしようもない。

３　過去に起こったことなので変えることはできず、常に後悔の対象となる。

４　人間の脳の中でどんどん変化しながら記憶に残っていく。

64 ②人間の脳はどんな働きをしているか。

1　出来事を項目ごとに整理し記憶する。

2　出来事を大切なものから順に整理していく。

3　重要な出来事を覚えておくようにする。

4　どの出来事も忘れないように指令を出す。

65　筆者の言いたいことと合っているものはどれか。

1　過去のことで覚えていないことは、記憶する価値のないことだ。

2　遠い過去の思い出は、今の自分の目で見直してみる価値がある。

3　過去の出来事にこだわるのではなくこれから先のことを考えるべきだ。

4　後悔するような過去も、記憶の中で変えてしまうことができる。

(3)

　子どもには大きく分けて2つのタイプがあり、そのタイプに合ったやり方でアプローチをしないと、人は積極的に行動しないのです。

　(中略)

　1つ目のタイプを「マルチタスク型」といいます。マルチタスク型の人は、その名のとおり、比較的なんでも満遍なくマルチにこなしていきます。中学校で全科目満遍なく点数を取って内申点がいい生徒といった子は、このタイプが多いです。満遍なくできるということは裏を返すと、集中力がなく分散型だということでもあります。

　このタイプの集中力のなさは本来「才能」であり、将来の職業とも関係している場合があります。集中力があると周囲に気を配ることができません。たとえば、学校の先生は40人の子どもたちを相手に指導します。もし集中力のある先生だったら目の前の生徒しか見えず、全体の子どもたちへ気を配ることは難しいでしょう。集中力がないからこそ、広く気づくことができるという才能を持っているのです。しかし、子どもの頃は、集中力がないことがデメリットになることが少なくありません。勉強は集中力が求められるからです。

　このマルチタスク型の行動基準、価値基準は「損得」です。損か得かを判断基準として動く傾向にあるのです。損得で動く子は、無駄が嫌いで、面倒くさいという言葉を発したりします。しかし無駄が嫌いであるということは効率性を好むということを意味します。ですから、方法論、やり方、ノウハウ、スケジュールなどが大好きです。それは、秩序を好むということでもあります。合理化でき、自分が得するということが分かれば、動きます。

（石田勝紀『「損得の人」「好き嫌いの人」の意外に大きい差』東洋経済オンライン
〈https://toyokeizai.net/articles/-/241792〉2018年10月19日取得による）

（注）内申点：中学や高校における成績や学内の活動などの点数

66　①1つ目のタイプに対し、2つ目のタイプはどんなタイプだと考えられるか。

　1　好きなことは徹底して集中的にするタイプ

　2　自分に得になると思ったことだけするタイプ

　3　幅広くどんなことでも上手くできるタイプ

　4　きちんと計画を立ててから動くタイプ

67 ②学校の先生について、本文ではどのように言っているか。

1　一つのことに集中しやすいせいで、周囲に気を配ることができない。

2　集中力がないからこそ、40人の子どもに気を配ることができる。

3　一クラス40人もいるので、一人一人に気を配ることができない。

4　40人の子どもがいても、その一クラスに集中することができる。

68 本文によると、マルチタスク型の子どもを勉強させるにはどうするのがいいか。

1　気の合う友達数人といっしょに勉強させる。

2　成績が上がっていく様子をグラフなどで示す。

3　好奇心を満たすような内容の学習をさせる。

4　無駄なく効率的に勉強できる方法を伝える。

問題12　次のＡとＢの文章を読んで、後の問いに対する答えとして最もよいものを、1・
　　　　2・3・4から一つ選びなさい。

A

ひと昔前まで馴染（なじ）みが薄かったが、昨今では日常的によく聞く言葉に「コンセプト」がある。

（中略）

「広辞苑」によれば、その意味は「企画、広告などで、全体を貫（つらぬ）く統一的な視点や考え方」とある。平たく言えば、「基本的な考え方」ということだ。

しかし、日本語に置き換えて「全体を貫（つらぬ）く統一的な視点としては〜」では、かなりまどろっこしい。かといって「基本的な考え方としては……」という言い方だと、いささか意味がモヤモヤしてしまう。「コンセプトとしては……」と言ったほうが、ニュアンスはずっと伝わりやすいはずだ。もし「コンセプトって何だ？」と聞かれたとしたら、「基本的な考え方、統一した考え方です」と言い換えればいいだろう。

（齋藤孝『すぐに使える！　頭がいい人の話し方』PHP研究所による）

（注）まどろっこしい：動作などが遅くていらいらする様子

B

現代の日本人が外来語を使うようになる過程として、次の3種類を考えてみよう。

まず、今までに存在しなかったものが導入された場合だ。昔は日本語に翻訳されていたが、今はそのまま使うことが多い。例えばコンピューター、ホームページ、マスコミなど。次に、ほぼ同じ意味の日本語は存在するが、外来語のほうをよく使う場合。タイトル（題名）、ストレス（重圧）などがその例だが、使われる理由として、日本語よりもぴったりする、あるいは目新しさが生まれるなどが挙げられる。最後に、すでにある外来語をさらに別の外来語で表す場合だ。例えば、スイーツ（キャンディー、ケーキ）、トピック（テーマ）など。指し示すものは微妙に異なるものの、同様の意味で用いられやすい。

69 カタカナ語を使うことについて、AとBの考えはどうか。

1　Aはカタカナ語を使うことに賛成していて、Bは使いすぎるのは良くないと言っている。

2　Aは最近はカタカナ語を使いすぎると言っていて、Bは良い悪いは言っていない。

3　Aはカタカナ語の方が使いやすい場合があると言っていて、Bは良い悪いは言っていない。

4　AもBも、カタカナ語の使用は積極的に進めたほうがいいと言っている。

70 Aの例に挙がっている言葉は、Bのいくつ目の取り入れ方にあたるか。

1　一つ目

2　二つ目

3　三つ目

4　相当するものはない

【ベスト模試 N2 第2回】

問題13　次の文章を読んで、後の問いに対する答えとして最もよいものを、1・2・3・
　　　　4から一つ選びなさい。

　この本は教育についての試論です。教育という題材をとおして、ものごとの見方や考え方を述べ
たものです。

（中略）

　話の基本は「逆さメガネ」です。逆さメガネをかけると、視野の上下が逆転します。上下が逆転
しても、しばらくそのまま訓練していくと、ほぼふつうに行動できるようになります。上下ではな
くて、左右を逆転するメガネもあります。

　この特殊なメガネは、そもそも遊び道具ではなく、人間の知覚や認知を調べる実験道具なのです。
そういうメガネをかけても、しばらく慣らせばふつうに動けるということは、人間の脳の適応力の
大きさを示しています。

　とくに子どもにはそうした柔軟性があります。だから社会が逆さまになっていても、それなりに
慣れてしまうのです。逆さまだって、ふつうに行動できるなら、それでもいいじゃないか、という
考え方もあるでしょう。だから上下や左右が逆転しても、世の中はいちおう動くわけです。でも、
社会が逆さまであったら、子どもはいつも逆さメガネをかけたような状態になっているのです。

　メガネをかけるというのは、うっとうしいものです。そんなものなしに、裸眼で世界がすなおに
見えたら、そのほうがいい。なぜならメガネを買う必要も、メガネを手入れする必要もないからです。

　偏見をもって見ることを、「色メガネをかけて見る」と表現することがあります。現代社会の人は「色
メガネ」どころか、「逆さメガネ」をかけてるんじゃないか。私はときどきそう思うのです。

　多数の意見だからとか、みんなと同じだからといって、それが当たり前だと思って見ているとし
たら、そういう人たちは自分が逆さメガネをかけていることに気がついていないのかもしれません。

　逆さメガネをかけているのは、お前じゃないか。そういわれそうな気もします。どちらがどうかは、
どちらが楽か、それで決まるといってもいいと思います。

　私はこの本に書いたように考えるほうが楽ですが、世間の人はそうは思わないかもしれません。
世の中は多数決ですから、私もいちおうは多いほうに従ってきました。ただ、いまのままでは具合
が悪いんじゃないの、と感じることは、世間の人より少し多かったかもしれません。

　私のように思っているのだけれど、多くの人が反対のことを考えているから、これまで意見がい
いにくかったという人もあるかもしれません。この本が、そういう人のお役に立てば幸いです。

（養老孟司『養老孟司の＜逆さメガネ＞』PHP研究所による）

（注）裸眼：めがねやコンタクトレンズを使っていない目

71 筆者は何を言うためにこの文章で①「逆さメガネ」を取り上げているか。

1 このメガネは上下や左右が逆転していて、人間の知覚や認知を調べる実験道具であるということ

2 子どもには大人よりも柔軟性があり、逆さまのメガネをかけてもすぐに慣れてしまうということ

3 人間の脳の適応力は大きく、逆さメガネでも訓練すればふつうに行動できるようになるということ

4 逆さまであっても、多数の人が行っていれば、人間はそれを当然のこととして捉えやすいということ

72 ②楽というのは、筆者にとってはどんな状態か。

1 逆さメガネをかけて、上下や左右の逆転を感じている状態

2 逆さメガネをかけて、その逆転に慣れてしまった状態

3 逆さメガネをかけずに、裸眼で世の中を見ている状態

4 逆さメガネをかけずに、多数決にしたがっている状態

73 ③私のように思っているというのは、どういう意味か。

1 今の社会のままでいいと考えている。

2 今の社会のままではよくないと感じている。

3 数の多い方にしたがったほうがいいと思っている。

4 世間の人より自分の考えの方がいいと思っている。

　【ベスト模試 N2 第2回】

問題14　右のページは、東京を中心とした日帰りツアーのリストである。下の問いに
　　　　対する答えとして最もよいものを、1・2・3・4から一つ選びなさい。

74　ジョンさんは国から友達が来るので、1日はバスツアーで東京を案内したいと思っている。皇
居は是非見てほしいし、ほかの東京の主なスポットも回りたい。そしてもう一日は少し遠出がし
たい。友達は寺に興味を持っている。ジョンさんが選ぶツアーはどれとどれか。

1　①と③

2　②と③

3　①と④

4　③と⑤

75　鈴木さん一家は近くの温泉に家族で行くことにした。妻の希望で買い物もできるほうがいい。
子供は2人、4歳と7歳である。希望のツアーに参加すると、費用はいくらかかるか。

1　33,600円

2　28,940円

3　25,800円

4　19,960円

バスで行く 🚌 東京発 日帰りツアー

<table>
<tr><td>①</td><td>

2階建てオープンバスTOKYOパノラマドライブ

東京駅（9：30～15：30　30分おきに出発）※3/25～3/30運休

◆東京タワーや銀座、**虎ノ門ヒルズ**など、東京の名所を駆け抜けます。レインボーブリッジからの眺めは最高！

◆1時間のドライブコースで、降車はいたしません。

</td><td>

料金

大人：1,800円

子供：　900円

食事無し

</td></tr>
<tr><td>②</td><td>

お気軽に！ 東京半日コース

東京駅（10：00・11：00・13：00出発）※年中無休

◆約5時間の人気コース

◆降車場所：**皇居前広場・浅草観音と仲見世・東京タワー**

◆短時間で東京の定番名所を回ります。

◆浅草で80分の自由時間、下町風情をお楽しみください。

◆東京タワーでは50分の自由時間があります。

</td><td>

料金

大人：5,600円

子供：2,800円

</td></tr>
<tr><td>③</td><td>

世界遺産「日光の社寺」巡りと旬のフルーツ狩り

新宿駅西口（8：00発）…**フルーツ狩り**（食べ放題）…途中で**昼食**…有名な**日光東照宮**見学…**周辺の寺の境内**を散策…**新宿駅**（19：00着予定）

◆日光では杉並木や坂道を歩きます。スニーカー、運動ぐつなど、歩きやすいくつでご参加ください。

</td><td>

料金

大人：9,980円

子供：8,900円

昼食代込み

</td></tr>
<tr><td>④</td><td>

箱根温泉とアウトレット

東京駅（8：30発）…**箱根温泉**（昼食・入浴）…**アウトレットモール**（ショッピングクーポン付）…**東京駅**（19：30着予定）

◆富士山を眺めながらゆっくりと温泉につかり、その後お食事をお楽しみください。

◆お食事はビュッフェ（食べ放題）形式となります。

◆アウトレットモールでは、ゆっくりお買い物をお楽しみください。

</td><td>

料金

大人：9,000円

子供：7,800円

昼食代込み

</td></tr>
<tr><td>⑤</td><td>

東京湾 工場夜景ツアー

東京駅（16：40発）…**京浜工業地帯などの夜景スポット**…途中夕食…**夜景ドライブ**（**お台場・レインボーブリッジ・銀座**）…**東京駅**（21：00着予定）

</td><td>

料金

大人：6,900円

子供：3,500円

夕食代込み

</td></tr>
</table>

※子供＝6歳から12歳未満のお子様を指します。6歳未満のお子様は無料です。

問題用紙

N2

【ベスト模試　第2回】

聴解

（50分）

注　意
Notes

1. 試験が始まるまで、この問題用紙を開けないでください。
   Do not open this question booklet until the test begins.

2. この問題用紙を持って帰ることはできません。
   Do not take this question booklet with you after the test.

3. 受験番号と名前を下の欄に、受験票と同じように書いてください。
   Write your examinee registration number and name clearly in each box below as written on your test voucher.

4. この問題用紙は、全部で13ページあります。
   This question booklet has 13 pages.

5. この問題用紙にメモをとってもかまいません。
   You may make notes in this question booklet.

受験番号　Examinee Registration Number	

名前　Name	

問題 1

問題 1 では、まず質問を聞いてください。それから話を聞いて、問題用紙の 1 から 4 の中から、最もよいものを一つ選んでください。

例

1　全体のこうせいを考え直す
2　新しいデータを付け加える
3　教室で練習をする
4　機材をチェックする

1番

1 飲み物を用意する

2 ピザを注文する

3 コーヒーを買いに行く

4 ケーキを買いに行く

2番

1 発表の準備をする

2 面接の日時がわかったら先生に知らせる

3 発表を代わってもらえる人を探す

4 面接の練習をする

3<ruby>番<rt>ばん</rt></ruby>

1　こま<ruby>寿<rt>ず</rt></ruby><ruby>司<rt>し</rt></ruby>

2　たろう<ruby>寿<rt>ず</rt></ruby><ruby>司<rt>し</rt></ruby>

3　みなと<ruby>寿<rt>ず</rt></ruby><ruby>司<rt>し</rt></ruby>

4　いそ<ruby>寿<rt>ず</rt></ruby><ruby>司<rt>し</rt></ruby>

4<ruby>番<rt>ばん</rt></ruby>

1　でんち

2　ほぞん<ruby>食<rt>しょく</rt></ruby>セット

3　<ruby>水<rt>みず</rt></ruby>

4　<ruby>大<rt>おお</rt></ruby>きいシート

5番

1　とりひきさきとのアポイントを取る

2　ホテルの予約をする

3　しゅっちょうに持っていく書類を用意する

4　電話をしてサンプルのさいそくをする

もんだい
問題2

　問題2では、まず質問を聞いてください。そのあと、問題用紙のせんたくしを読んでください。読む時間があります。それから話を聞いて、問題用紙の1から4の中から、最もよいものを一つ選んでください。

れい
例

1　朝、寝坊したから

2　いつもの電車に乗れなかったから

3　電車の中に忘れ物をしたから

4　電車の中で寝てしまったから

1番

1　静かで落ち着いたいい町だから

2　人気ドラマのぶたいになったから

3　有名な寺があるから

4　昔の旅人の気分になれるから

2番

1　かぜをひいて会社を休むから

2　子供が病気で家にいないといけないから

3　しゅっちょうで会社に行かないから

4　工場にしさつに行くから

3番

1 親のために仕事をやめるのはよくないから
2 母親がひっこしてくることになったから
3 母親は一人でもくらしていけるから
4 母親がとかいの生活を楽しんでいるから

4番

1 仕事がいそがしかったから
2 帰りがおそかったから
3 仕事のせきにんが重くなったから
4 ドリンクざいを飲んでいないから

5番

1 食べほうだいがないし、食事がおいしくないから

2 週末に行くとつかれて、よく日から仕事ができないから

3 行くところが分からないので、楽しめないから

4 バスに乗っているだけで、つまらないから

6番

1 おしゃれな家に住んでいるから

2 でんちを使わない時計を持っているから

3 祖父母といっしょに住んでいるから

4 古いむかしの物が家に残っているから

聴解

もんだい
問題 3

　問題3では、問題用紙に何もいんさつされていません。この問題は、全体としてどんな内容かを聞く問題です。話の前に質問はありません。まず話を聞いてください。それから、質問とせんたくしを聞いて、1から4の中から、最もよいものを一つ選んでください。

－メモ－

問題 4

　問題4では、問題用紙に何もいんさつされていません。まず文を聞いてください。それから、それに対する返事を聞いて、１から３の中から、最もよいものを一つ選んでください。

ーメモー

聴解

もんだい
問題 5

問題5では、長めの話を聞きます。この問題に練習はありません。問題用紙にメモをとってもかまいません。

1番、2番

問題用紙に何もいんさつされていません。まず話を聞いてください。それから、質問とせんたくしを聞いて、1から4の中から、最もよいものを一つ選んでください。

－メモ－

３番

　まず話を聞いてください。それから、二つの質問を聞いて、それぞれ問題用紙の１から４の中から、最もよいものを一つ選んでください。

質問１

1　ナンバー11

2　ナンバー12

3　ナンバー13

4　ナンバー14

質問２

1　ナンバー11

2　ナンバー12

3　ナンバー13

4　ナンバー14

解答用紙　【ベスト模試 第2回】

N2　言語知識（文字・語彙・文法）・読解

受験番号
Examinee Registration Number

名前
Name

〈ちゅうい Notes〉

1. くろいえんぴつ（HB、No.2）でかいてください。
Use a black medium soft (HB or No.2) pencil.
（ペンやボールペンではかかないでください。）
(Do not use any kind of pen.)
2. かきなおすときは、けしゴムできれいにけしてください。
Erase any unintended marks completely.
3. きたなくしたり、おったりしないでください。
Do not soil or bend this sheet.
4. マークれい Marking Examples

よいれい Correct Example	わるいれい Incorrect Examples
●	⊘ ◌ ⬭ ◎ ⊗ ◖ ⬤

問 題 1

1	①	②	③	④
2	①	②	③	④
3	①	②	③	④
4	①	②	③	④
5	①	②	③	④

問 題 2

6	①	②	③	④
7	①	②	③	④
8	①	②	③	④
9	①	②	③	④
10	①	②	③	④

問 題 3

11	①	②	③	④
12	①	②	③	④
13	①	②	③	④
14	①	②	③	④
15	①	②	③	④

問 題 4

16	①	②	③	④
17	①	②	③	④
18	①	②	③	④
19	①	②	③	④
20	①	②	③	④
21	①	②	③	④
22	①	②	③	④

問 題 5

23	①	②	③	④
24	①	②	③	④
25	①	②	③	④
26	①	②	③	④
27	①	②	③	④

問 題 6

28	①	②	③	④
29	①	②	③	④
30	①	②	③	④
31	①	②	③	④
32	①	②	③	④

問 題 7

33	①	②	③	④
34	①	②	③	④
35	①	②	③	④
36	①	②	③	④
37	①	②	③	④
38	①	②	③	④
39	①	②	③	④
40	①	②	③	④
41	①	②	③	④
42	①	②	③	④
43	①	②	③	④
44	①	②	③	④

問 題 8

45	①	②	③	④
46	①	②	③	④
47	①	②	③	④
48	①	②	③	④
49	①	②	③	④

問 題 9

50	①	②	③	④
51	①	②	③	④
52	①	②	③	④
53	①	②	③	④
54	①	②	③	④

問 題 10

55	①	②	③	④
56	①	②	③	④
57	①	②	③	④
58	①	②	③	④
59	①	②	③	④

問 題 11

60	①	②	③	④
61	①	②	③	④
62	①	②	③	④
63	①	②	③	④
64	①	②	③	④
65	①	②	③	④
66	①	②	③	④
67	①	②	③	④
68	①	②	③	④

問 題 12

69	①	②	③	④
70	①	②	③	④

問 題 13

71	①	②	③	④
72	①	②	③	④
73	①	②	③	④

問 題 14

74	①	②	③	④
75	①	②	③	④

解答用紙

【ベスト模試 第2回】

N2 聴解

受験番号 Examinee Registration Number	

名前 Name	

〈ちゅうい Notes〉

1. くろいえんぴつ(HB、No.2)でかいてください。
   Use a black medium soft (HB or No.2) pencil.
   (ペンやボールペンではかかないでください。)
   (Do not use any kind of pen.)
2. かきなおすときは、けしゴムできれいにけしてください。
   Erase any unintended marks completely.
3. きたなくしたり、おったりしないでください。
   Do not soil or bend this sheet.
4. マークれい Marking Examples

よいれい Correct Example	わるいれい Incorrect Examples
●	⊘ ◯ ⦿ ◎ ⊜ ◑ ⬤

問題 1

例	①	②	●	④
1	①	②	③	④
2	①	②	③	④
3	①	②	③	④
4	①	②	③	④
5	①	②	③	④

問題 2

例	①	②	●	④
1	①	②	③	④
2	①	②	③	④
3	①	②	③	④
4	①	②	③	④
5	①	②	③	④
6	①	②	③	④

問題 3

例	①	●	③	④
1	①	②	③	④
2	①	②	③	④
3	①	②	③	④
4	①	②	③	④
5	①	②	③	④

問題 4

例	●	②	③
1	①	②	③
2	①	②	③
3	①	②	③
4	①	②	③
5	①	②	③
6	①	②	③
7	①	②	③
8	①	②	③
9	①	②	③
10	①	②	③
11	①	②	③
12	①	②	③

問題 5

1		①	②	③	④
2		①	②	③	④
3	(1)	①	②	③	④
	(2)	①	②	③	④

Language Knowledge (Vocabulary / Grammar)・**Reading**　　問題用紙

N2

【ベスト模試　第３回】

言語知識（文字・語彙・文法）・読解

（105分）

注　意
Notes

1.　試験が始まるまで、この問題用紙を開けないでください。
　　Do not open this question booklet until the test begins.

2.　この問題用紙を持って帰ることはできません。
　　Do not take this question booklet with you after the test.

3.　受験番号と名前を下の欄に、受験票と同じように書いて
　　ください。
　　Write your examinee registration number and name clearly in each box below as
　　written on your test voucher.

4.　この問題用紙は、全部で33ページあります。
　　This question booklet has 33 pages.

5.　問題には解答番号の 1 、 2 、 3 … が付いています。
　　解答は、解答用紙にある同じ番号のところにマークして
　　ください。
　　One of the row numbers 1 , 2 , 3 … is given for each question. Mark your answer
　　in the same row of the answer sheet.

| 受験番号　Examinee Registration Number | |

| 名前　Name | |

問題1　＿＿＿＿の言葉の読み方として最もよいものを、1・2・3・4から一つ選びなさい。

1　事故でケガをした時は、応急処置をしてもらって病院へ行った。
　　1　しょうち　　　2　しょうじ　　　3　しょち　　　4　しょじ

2　余ったお菓子は、みんなで分けました。
　　1　うつった　　　2　のこった　　　3　まわった　　　4　あまった

3　古代文明は、大きな川の流域に起こった。
　　1　りゅういき　　2　りゅいき　　　3　りゅうえき　　4　りゅえき

4　手先が器用でないと、外科医や歯科医はつとまらない。
　　1　しゅさき　　　2　しゅせん　　　3　てさき　　　4　てせん

5　夢を実現させるように努力する。
　　1　じつげん　　　2　じっげん　　　3　じつけん　　　4　しっけん

問題２　＿＿＿＿の言葉を漢字で書くとき、最もよいものを１・２・３・４から一つ選びなさい。

6　私のふるさとには、<u>ゆたかな</u>自然が残っています。

1　富かな　　　　2　豊かな　　　　3　基かな　　　　4　恵かな

7　環境<u>おせん</u>が大きな問題となっている。

1　氾染　　　　2　氾泉　　　　3　汚染　　　　4　汚泉

8　招待券をお持ちでないお客さまは入場を<u>おことわり</u>します。

1　断り　　　　2　頼り　　　　3　誤り　　　　4　絶り

9　駅の<u>かいさつ</u>口で待ち合わせをしましょう。

1　開札　　　　2　回礼　　　　3　改札　　　　4　解礼

10　データをUSBメモリーに<u>ほぞん</u>します。

1　伴在　　　　2　捕在　　　　3　補存　　　　4　保存

問題3 （　　　）に入れるのに最もよいものを、1・2・3・4から一つ選びなさい。

11 国の未来は、（　　　）世代の若者たちにかかっている。

　　1　後　　　　　　2　未　　　　　　3　来　　　　　　4　次

12 西新宿には、（　　　）高層（こうそう）ビルが建ち並んでいる。

　　1　激　　　　　　2　超　　　　　　3　特　　　　　　4　越

13 人里（ひとざと）に現れるイノシシは、人間に害を加える危険（　　　）がある。

　　1　性　　　　　　2　的　　　　　　3　事　　　　　　4　味

14 川（　　　）の道をずっと行くと、街（まち）が見えてきます。

　　1　合い　　　　　2　付き　　　　　3　流れ　　　　　4　沿い

15 デザインは良くても機能（　　　）じゃないものは、売れないでしょう。

　　1　的　　　　　　2　性　　　　　　3　力　　　　　　4　体

問題4　（　　　）に入れるのに最もよいものを、1・2・3・4から一つ選びなさい。

16　若いうちに、知識をたくさん（　　　）したい。
　　1　収容　　　　　2　収拾　　　　　3　吸収　　　　　4　呼吸

17　留守中に泥棒（どろぼう）が入らないように、（　　　）しましょう。
　　1　用心　　　　　2　注目　　　　　3　目印　　　　　4　閉鎖（へいさ）

18　早く着いてしまったので、本屋で時間を（　　　）。
　　1　やぶった　　　2　くずした　　　3　ころした　　　4　つぶした

19　インターネットで（　　　）すれば、すぐ分かるでしょう。
　　1　検査（けんさ）　　2　検索（けんさく）　　3　探索（たんさく）　　4　捜索（そうさく）

20　お酒を飲むのはいいけれど、仕事に（　　　）ようでは困ります。
　　1　差しせまる　　2　差し入れる　　3　差し支える（つか）　　4　差し込む

21　私の部屋は線路に（　　　）ので、電車の音がうるさいです。
　　1　当たっている　　　　　　　　2　向かっている
　　3　つき当たっている　　　　　　4　面している

22　睡眠不足で、電車の中で（　　　）してしまった。
　　1　くたくた　　　2　うとうと　　　3　くどくど　　　4　うろうろ

問題5　＿＿＿＿の言葉に意味が最も近いものを、１・２・３・４から一つ選びなさい。

23　今、支度<ruby>支度<rt>したく</rt></ruby>をしています。
1　掃除<ruby><rt>そうじ</rt></ruby>　　2　準備　　3　料理　　4　後片付け<ruby><rt>あとかたづ</rt></ruby>

24　今、評判<ruby><rt>ひょうばん</rt></ruby>の店に行ってみました。
1　よく売れている　2　新しくできた　3　よく話題になる　4　問題がある

25　この商品、原価はいくらですか。
1　マスト　　2　コスト　　3　リスト　　4　ポスト

26　彼女は、着実<ruby><rt>ちゃくじつ</rt></ruby>に勉強して力をつけています。
1　ばたばたと　2　いきいきと　3　そろそろと　4　こつこつと

27　いろいろ考えると、今度の旅行は、ツアーより個人旅行のほうがかえって楽しめると思った。
1　やっぱり　　2　逆に　　3　ずっと　　4　どうも

【ベスト模試 N2 第3回】

問題6　次の言葉の使い方として最もよいものを、1・2・3・4から一つ選びなさい。

28 取材（しゅざい）

1　クイズの答えが分からなかったので、ネットで取材した。

2　就職（しゅうしょく）希望者を面接で取材して、内定者を決定した。

3　卒論を書くために、図書館の本で取材した。

4　事件の現場を取材して、記事を書いた。

29 権力

1　18歳になると、選挙で投票する権力ができる。

2　A国では、B氏がずっと政治の権力を握っている。

3　田中教授は、言語学の権力と言われている。

4　最近は育児休暇（いくじきゅうか）をとる権力を男性も持つようになった。

30 きっかけ

1　子供のころのケガがきっかけで、医者になろうと思った。

2　スポーツ選手になるのがきっかけで、よく練習した。

3　大雨がきっかけで川があふれ、大きな被害（ひがい）が出た。

4　よく勉強したのがきっかけで、一流の大学に入った。

31 たっぷり

1　コンサートは、観客がたっぷりで大いに盛（も）り上がった。

2　もうおなかがたっぷりです。これ以上食べられません。

3　時間はたっぷりあるので、落ち着いて考えてください。

4　休みはたっぷり取れるとしても3日ぐらいです。

32 取り替（か）える

1　昔は船で海外に行ったが、飛行機に取り替えられた。

2　古いエアコンを新しいのに取り替えてもらった。

3　新しい社長に取り替えて、業績が上がり始めた。

4　バッグの中身を別のバッグに取り替えた。

問題7　次の文の（　　　　）に入れるのに最もよいものを、1・2・3・4から一つ選び
なさい。

文法

33　試験の点が悪かったことを母に伝えると、「ちゃんと勉強（　　　　）、良い点をとろうなんて無
理でしょう。」と言われてしまった。
1　してはいけないのに　　　　　　　　2　していないからこそ
3　してもいないんだから　　　　　　　4　しようとしていながら

34　タマネギをいためると甘くなる（　　　）なぜか、不思議に思って調べてみた。
1　のは　　　　　　2　のが　　　　　　3　は　　　　　　4　が

35　隣の席のホンさんにデータ整理を手伝ってもらおうと思ったが、さっきから電話をしていて忙
しそうだ。ホンさんには手伝って（　　　）もないから、他の人に頼もう。
1　もらいそう　　　2　もらえそう　　　3　もらうそう　　　4　くれそう

36　私は病院があまり好きではなく、行くのは気が進まない。しかし診断書が必要なので、健康診
断を受けない（　　　）。
1　ばかりではない　　　　　　　　　　2　はずがない
3　わけがない　　　　　　　　　　　　4　わけにはいかない

37　希望の会社に就職できて、タオさんはとても喜んでいる（　　　）。
1　に違いない　　　2　に違わない　　　3　のに違いない　　　4　のに違わない

38　飛行機は、成田（　　　）バンコクに向かった。
1　を前にして　　　2　を先にして　　　3　を後にして　　　4　を後ろにして

39　これから社会に出るなら気をつけないといけないことがたくさんある。人生の先輩（　　　）、
若い人には一言言っておきたい。
1　として　　　　　　2　にとって　　　　　3　にわたって　　　4　において

40　このレポートは完璧にできていて、直す（　　　）。

　　1　ようがない　　　2　ものがない　　　3　ところがない　　　4　どころじゃない

41　両親がそばにいる（　　　）、子どもは安全に生活できるはずだ。

　　1　限って　　　　　2　限り　　　　　3　に限って　　　　4　に限り

42　友人の家に食事に招待されて行ったら、（　　　）ないほどの料理が出された。

　　1　食べだせ　　　2　食べきれ　　　3　食べかけ　　　4　食べかね

43　A「トムさんの誕生日、来週（　　　）？」

　　B「そう、木曜日だよ」

　　1　っぽい　　　　　2　だったら　　　3　だっけ　　　　4　っけ

44　（レストランで）

　　客　　　　　「すみません、お水もらえますか。」

　　ウエイター「はい、ただいま（　　　）ます。」

　　1　お持ちし　　　2　お持ちになり　　3　いただけ　　　4　持って行かれ

問題8　次の文の　★　に入る最もよいものを、1・2・3・4から一つ選びなさい。

（問題例）

あそこで ＿＿＿＿ ＿＿＿＿ ★ ＿＿＿＿ は佐藤さんです。

1　本　　　　　　2　読んでいる　　　3　を　　　　　　　4　人

（解答のしかた）

1．正しい文はこうです。

あそこで ＿＿＿＿＿ ＿＿＿＿＿ ★ ＿＿＿＿＿ は佐藤さんです。
　　　　　1　本　　　3　を　2　読んでいる　4　人

2．　★　に入る番号を解答用紙にマークします。

（解答用紙）　（例）　① ● ③ ④

45　A社の入社試験では、書類審査に ＿＿＿ ＿＿＿ ★ ＿＿＿ ことはできない。

1　面接を受ける　　2　から　　　　　3　でないと　　　4　合格して

46　＿＿＿ ★ ＿＿＿ ＿＿＿ すでに販売されている。

1　掃除ロボットが　　　　　　　　2　電源のところに行く

3　自分で　　　　　　　　　　　　4　バッテリーが減ってきたら

47　人間の耳は非常に優秀で、周囲のさまざまな音や声 ＿＿＿ ＿＿＿ ★ ＿＿＿ 聞き取ることができる。

1　を　　　　　　　2　から　　　　　3　選び出して　　4　必要なものだけ

48 数十年後には、人間の ＿＿＿ ＿＿＿ ★ ＿＿＿ なっているだろうと考える研究者
もいる。

1　ような　　　　　　　　　　2　ロボットが作れる

3　心を持った　　　　　　　　4　ように

49 朝バナナを食べるといいと言われる理由は、バナナに含まれている ＿＿＿ ＿＿＿ ★ ＿＿＿
＿＿＿ 目覚めさせるからだ。

1　早く脳を　　　　　　　　　　2　ブドウ糖が

3　ため　　　　　　　　　　　　4　脳細胞のエネルギーとなる

問題9　次の文章を読んで、文章全体の内容を考えて、 50 から 54 の中に入る
　　　　最もよいものを、1・2・3・4から一つ選びなさい。

以下は、日本で10年以上暮らしている外国人のエッセイである。

　日本に来て最初に、ああこれが日本なんだなあと思ったのは、日本人の友人とプレゼント
の交換をした時だ。私がもらったのは美しい箸と箸置きのセットだったが、それ以上に美しかっ
たのが、ほどくのも惜しいほど完璧な包装紙とリボンだった。 50 実は、私が日本らしさ
を感じたのは、包装のすばらしさではない。

　私は銀のアクセサリーをプレゼントに選び、紙で包みリボンをかけておいた。友人はそれ
を 51 と、うれしそうにリボンをほどき始めた。

　日本だなあ、と思ったのはその時である。

　彼女は細心の注意を払ってゆっくりとリボンをほどき、包み紙を少しも破らずとめてあっ
たテープをツメで取って紙を開くと、テーブルの上にきちんとたたみ、さらにその上にリボ
ンを手で伸ばすようにしてたたんで置いたのだ。

　ああ、これが日本なのだった。

　私の国では、プレゼントをもらったら、すぐに包装紙をビリビリとできるだけ大きい音を
たてて破る。紙はもちろんめちゃくちゃに破れて、その辺に捨てられていて誰も気にしない。
52 喜びを表すのが、プレゼントをもらう側の礼儀なのだ。日本でそんなことをしたら完
全にマナー違反である。

　日本のマナーについて書いた本は読んだが、プレゼントの 53 はどこにも書いてなかっ
た。日本の人たちが、外国人が乱暴に包装紙を破るのを見ても、 54 といいなあと心から
思う。

50

　1　だから　　　　　2　そこで　　　　　3　しかし　　　　　4　なるほど

51

　1　くれる　　　　　2　わたす　　　　　3　引き取る　　　　4　受け取る

文法

52

　1　それでも　　　　2　そのように　　　3　そうではなく　　4　そのうちに

53

　1　もらい方　　　　2　あげ方　　　　　3　選び方　　　　　4　包み方

54

　1　マナーを守る　　　　　　　　　2　包むのはやめる
　3　怒らない　　　　　　　　　　　4　喜ぶ

問題10　次の(1)から(5)の文章を読んで、後の問いに対する答えとして最もよいものを、
　　　　1・2・3・4から一つ選びなさい。

(1)

　65人の男女にコメディ、科学番組、レスリング、歌舞伎[注1]などの動画を見てもらい、まばたきの回数を測定した。そのデータと「面白い」と感じた程度との関係を調べてみると、たしかに、面白いと思うものを見たときには、男女ともにまばたきの回数が少なかった。

　ちなみにまばたきが一番少なかったのはレスリングで、多かったのは歌舞伎[注2]だ。私のような歌舞伎好きには残念な結果だが、そういう好みの人たちだったのだろう。このようなまばたきのデータは、テレビやCMのリサーチに使われている。

（廣中直行『アップルのリンゴはなぜかじりかけなのか？―心をつかむニューロマーケティング』光文社による）

（注1）歌舞伎：日本の伝統芸能の一つ
（注2）まばたき：まぶたを開閉させる運動

55　本文のデータは、どういう考えがもとになっているか。
　1　人は、人間と人間が戦う激しいシーンを見るのが好きだ。
　2　人は、激しいものよりおだやかなシーンを見るのが好きだ。
　3　人は、興味のあるものを見ているときはまばたきをしない。
　4　人は、興味のあるものを見ているときはよくまばたきをする。

(2)

　程度に差はありますが、失敗したときには誰だってショックを受けるし傷つきます。本人は気づ
かないかもしれませんが、直後はエネルギーが漏れてガス欠状態になっています。こういうときに
失敗とちゃんと向き合い、きちんとした対応をしようとしても、よい結果は得られません。大切な
のは「人（自分）は弱い」ということを認めることです。自分が、いまはまだ失敗に立ち向かえな
い状態にあることを潔く受け入れて、そのうえでエネルギーが自然に回復するのを待つしかないの
です。

（畑村洋太郎『回復力―失敗からの復活』講談社による）

56　筆者は失敗した時はどうすればいいと言っているか。

　1　失敗で失ったエネルギーが回復するのを待つ必要がある。

　2　失敗に向き合ってきちんと対応しなくてはいけない。

　3　失敗したら、潔く自分が悪いことを認めなければならない。

　4　自分が弱いから失敗したということを皆に知らせるべきだ。

（3）

　もともと、人の脳は他人の行動を理解できるようにできています。そのことは、さまざまな形で
わかってきています。

　有名なのは、ミラーニューロンでしょう。人がある動作をした際に、それを見ている人の脳内を
調べると、実際に動作をしている人と同じ部位が反応する。見ているだけなのに、相手と同じよう
に脳が働く。こういう脳の働きが、他人に共感したり、気持ちを理解したりするのに役立っている
のではないか、と考えられています。

（養老孟司『「自分」の壁』新潮社による）

57　本文によると、人が他人に共感するのはどうしてか。

　1　他人の行動を見ているだけで、脳の一部がその人の脳と同じように動くから

　2　他人の行動を見ていると、自分もその人と同じような行動をしたくなるから

　3　他人に共感したり気持ちを理解したりするのは、人間の感情として当然だから

　4　人間の脳は、自分と他人との間で影響し合い、動かし合うことができるから

(4)

以下は、通信販売の会社から商品を買った山田さんに来たメールである。

山田花子さま

　この度は弊社の商品をお買い求めいただきまして、まことにありがとうございました。

弊社におきましては、お客さまにご満足いただける商品を作ろうと日々努力を重ねております。

つきましては、お買い上げいただきました商品に関しまして、率直なご意見をいただけますと、大変助かります。

今後ともよりよい商品を提供できますよう改良を重ねていきたいと存じますので、是非ご協力いただきますよう、お願い申し上げます。

尚、ご協力いただきました場合は、次回のご注文の際の送料を無料とさせていただきます。

〇〇月××日

……（株）商品開発チーム

58　メールで頼んでいることは何か。

1　またこの会社の商品を買ってほしい。

2　いい商品を作ってほしい。

3　アンケートにこたえてほしい。

4　送料を無料にしてほしい。

⑸

　最近、人と話すのが苦手な若い人が増えています。メールはできても、１対１のサシ^{（注1）}でのコミュニケーションとなると、とたんに尻込み^{（注2）}する。とくに相手が職場の上司や目上の人、自分の住む世界とジャンルの異なる人となれば、何をどう話していいかわからない。

　要するに、自分に自信がなくて不安なのです。だから、せっかく上司から「飲みに行くか」と誘われても、「じゃあ、あいつも呼びましょうか」などと、なんとかサシのシチュエーションから逃げようとする。１対２や３以上の関係にしてしまえば、ほかのだれかがしゃべってくれるだろうから、自分は受け身でも安心、安全だからです。

（おちまさと『相手に９割しゃべらせる質問術』PHP研究所による）

（注１）サシ：２人で一緒に仕事をしたり、また向かい合って何かをする状態
（注２）尻込み：後ろの方に下がること。あることをするのに、こわがってためらうこと。

59　本文によると、若い人が１対１のコミュニケーションが苦手なのはなぜか。

　１　他の人が話すのを受け身になって聞いているのは、不安だから

　２　１対１よりも他の人も呼んで大勢で話すほうがお互いに楽しいから

　３　いつもはメールで連絡をとっている人たちなので、話す必要がないから

　４　自分に自信が持てず、特に自分の世界の範囲外の人と話すことが不安だから

問題11　次の(1)から(3)の文章を読んで、後の問いに対する答えとして最もよいものを、
　　　　1・2・3・4から一つ選びなさい。

(1)

　私はあるビジネスセミナーで聞いてみた。

　「最初に『ん？』『何かへんだな？』という違和感を持ったけれども、いろいろ論理的に考えてみれ
ば『まあ大丈夫だろう』と思えたのでやってみたところ、結果としてやっぱりダメだったという経
験はありませんか？　あるという方は拍手していただけますか」

　なんと、90パーセント以上の人が拍手をされた。

　ほとんどの人がそうした経験がある。そして失敗してしまったときに、「ああ、どこかでわかって
①
たのに」「ちょっと引っかかるものがあったんだけどなあ」という言葉がつぶやかれる。

　脳研究の専門家によれば、人間はやってしまったことを自分自身で納得のいくものにするために、「自
分がそれをやりたかったのだ」と思い込もうとするようだ。

　最初に感じたちょっとした気づきは、ささやかな感覚なのですぐに無意識の海の底に沈んでいっ
てしまう。失敗体験や後悔のつぶやきもまた、海の底に沈んでいってしまう。そして、また同じよ
うなことを繰り返してしまうという循環だ。

　最初の違和感をもっときちんとすくいとって活かすことができたら、リスクを回避していくこと
②　　　　　　　　　　　　　　　　　　　　　　　　　③
ができる。

（齋藤孝『違和感のチカラ―最初の「あれ？」は案外正しい！』角川書店による）

60　　①そうした経験というのは何か。

　1　何も心配せずに、大丈夫だと思ってやったのに失敗した経験

　2　論理的に考えると変だとわかっていながら実行して失敗した経験

　3　何か変だと感じたが、でも大丈夫だろうと思って実行して失敗した経験

　4　何か変だと心の中では不安に思いながら実行して失敗した経験

61　ここで言う②違和感とはどんなものか。

1　「論理的には言えないが何か変だ」という感覚

2　「これは論理的に言ってダメだ」という感覚

3　「いつもと違うものは危ない」という感覚

4　「心で思っていることは表面には表れない」という感覚

62　筆者は③リスクを回避するために、何が大切だと言っているか。

1　自分が本当にやりたいと思ったことをすること

2　失敗しても後悔しないで前向きであること

3　失敗は繰り返さないという自信を持つこと

4　最初のちょっとした気づきを無視しないこと

（2）

　以前、ゼミの面接でグループディスカッションをしたときのことです。まず、ある経済学の本の一章を読んでもらうことにしました。読んだあとに問題を出すのでと言って、とりあえず読んでもらい、「この章のどこが間違っていると思いますか」と<u>質問</u>をしました。
①

　なぜそんなことをしたのかというと、それぞれの学生がどういう視点で本を読んでいるか知りたかったからです。先に問題を言うと、学生も私の意図を察知して、間違いを探すために批判的な目で本を読むことでしょう。でも私は、普段の学生の本の読み方を把握したかったので、あえて<u>問題を教</u>②<u>えなかった</u>のです。

　その結果わかったことは、ほとんどの学生が本の中身をしっかり頭に入れよう、一生懸命覚えようとして読んでいたということです。面接だから、とくにそういう読み方をした面はあったと思いますが、あまり批判的には読んでいませんでした。

　このとき私が学生に読ませたのは、経済学的なミスや間違いのある文章ではありません。「あなたはこの文章のどこかに、自分では納得できない点やおかしいと思う点はないか。それを探してほしい」というのが私の出題意図でした。

　その後、学生一人ひとりと面接をして話を聞いたところ、どこに間違いがあるのか探すというのは、とても<u>難しいことだったようです</u>。大部分の学生が、「この本のどこかに（誤字や脱字のような）明③らかな間違いがあって、先生はそこを見つけられるかどうかを試しているんだな」と思ったようです。もちろん、なかには「ここが変だ」という意見をきちんと言える学生もいましたが、それは少数でした。

（柳川範之『東大教授が教える独学勉強法』草思社による）

63　筆者が①<u>質問</u>をした目的は何か。

1　学生が間違いに気づくかどうかを知ること
2　学生が筆者の意図を察知できるかどうかを知ること
3　批判的な目で本を読めるのが誰かを知ること
4　普段の学生の本の読み方を知ること

<u>64</u>　②<u>問題を教えなかった</u>ことについて、本文の内容と合っているのはどれか。

1　普段の読み方を知るために、読んだあとに質問することを教えなかった。

2　筆者の意図を知られないように、読んだあとにする質問の内容を教えなかった。

3　批判的な読み方ができるかを知るために、本の中に問題点があることを教えなかった。

4　経済学の知識の程度を知るために、本の中にある問題点の内容を教えなかった。

<u>65</u>　どうして③<u>難しいことだった</u>のか。

1　先生の出題意図とは違う読み方をしていたから

2　学生たちの能力を超えた難解な文章だったから

3　納得できない点やおかしいと思う点がなかったから

4　「ここが変だ」という意見を持ってはいけないと思ったから

読解

　一般には、科学は役に立つものという感覚が強い。生産力や輸送力を高める、生活を便利にするし効率的にもする、細菌やウイルスという目に見えない敵をやっつけてくれる、金儲けができる、と科学の効用はさまざまで、人間の役に立ってこそ科学には価値があると考えるのだ。

　（中略）

　しかし、科学のもう一つの側面を忘れてはならない。<u>文化としての科学</u>である。それは端的には「役に立たない科学」であるが、「不用の用」という言葉もあるように、不用だと思っていたものが心を励ましたり、広い視点を与えたりして、大きな役に立つこともある。このような、精神に働きかける文化にこそ科学の本質があると考えられないだろうか。

　（中略）

　では、科学を文化として成り立たせているものは何なのだろうか。科学は芸術や宗教と同じような人間の精神的活動の成果であることは当然である。最大の特徴は、<u>見返り（利益や直接の効能）</u>を求めないけれど、人々の支え（中略）無しには成り立たないということだろう。科学研究からすぐに利得が得られるわけではない。にもかかわらず、科学研究には金がかかり、何らかの形の援助がなければやっていけない。科学者とそのスポンサーたる市民の間に暗黙の社会的契約が結ばれているのである。大学における科学研究に税金が使われるのは、市民の間で文化を大事にするという合意が基礎になっている。

（池内了『科学と人間の不協和音』角川書店による）

66　筆者はなぜ科学を①<u>文化</u>と言っているのか。

1　科学は人間の精神に働きかけるものだから

2　科学は生活を便利にし、豊かにしてくれるものだから

3　芸術や宗教と同様、人間の生活に必要なものだから

4　科学は人々の生活から生まれたものだから

67　②<u>見返りを求めない</u>とあるが、なぜか。

1　人間の生活に役に立っている科学もあるので、マイナスにならないから

2　科学には利益を求めないことが伝統的にいいと考えられているから

3　科学の研究はお金も時間もかかるが皆で援助していこうという気持ちがあるから

4　市民にとって、科学という文化が存在しなかったら宗教も芸術もないことになるから

68　筆者の意見として正しいものはどれか。

1　科学には様々な効用があり、かけたお金は無駄にはならない。

2　人々が支えているからこそ文化としての科学が成り立つ。

3　人々が役に立たないものにお金を出すのは、不思議だ。

4　人々の役に立たないと、科学の意味がなくなってしまう。

問題12　次のＡとＢの文章を読んで、後の問いに対する答えとして最もよいものを、1・
　　　　2・3・4から一つ選びなさい。

Ａ

　　今、日本では電子機器を使って対戦をする「ｅ（エレクトロニック）スポーツ」をスポーツ
と認めるかということが、議論されています。障害のあるなしにかかわらず対等な立場で競
い合うことができ、高齢者も楽しむことができるｅスポーツは、今後スポーツとして広まる
可能性を持っているという有識者もいます。しかし、ルールに基づく肉体的な運動を通じて
社会性や心身の健康を得るのがスポーツの意義なのではないでしょうか。ｅスポーツは身体
的運動に乏しく、人と直接触れ合うこともありません。単なるコンピューターゲームではな
いかと思うのです。世界保健機関（WHO）は、ゲームがやめられず、日常生活に支障を来すゲー
ム依存症を「ゲーム障害」という精神疾患と位置づけています。未来を担う若者がスポーツ
の名の下にゲーム漬けになり、依存症となる可能性があるにもかかわらずそれをスポーツと
認めるなど言語道断です。

Ｂ

　　スポーツとは何だろうか。日本では「運動」とほぼ同義でとらえられることが多いが、海
外では少しニュアンスが違っている。もう少し「競技」という意味合いが強いようだ。肉体
的な動きによって汗をかくことが日本でのスポーツのイメージであるのに対して、「競う」こ
とがスポーツであると考える国では、チェスやビリヤードなどもスポーツに分類されている。
日本では将棋や囲碁をスポーツであるとする考え方は一般的とは言えまい。「ゲーム大国」と
言われてきた日本が、ｅスポーツに関して世界の流れから取り残されようとしているのは、
このようなスポーツに対する考え方の違いが根本にあるからなのではないかと思う。

（注１）ビリヤード：台上に置いた球を棒で突き、他の球に当てて得点を競うゲーム
（注２）将棋、（注３）囲碁：ともに二人で行うボードゲームの一種

69　AとBに共通している点は何か。

1　日本においては、ｅスポーツをスポーツと認めるという考え方が確定していないということ
2　日本においては、ｅスポーツをスポーツと認めることはできないと考える人のほうが多いということ
3　日本においては、スポーツは心身の健康を得るために行うものだと考える人が多いということ
4　日本においては、ｅスポーツをスポーツではなくゲームと同一視する考え方が強いということ

70　AとBはｅスポーツについて、それぞれどのように述べているか。

1　Aは障害者も高齢者も楽しめるものなので推進するべきであると述べ、Bは「運動」という意味合いが強いものであると述べている。
2　Aはスポーツと認めるかどうかについて否定的意見を述べ、Bはことばの解釈のしかたをもとに日本におけるｅスポーツの現状を述べている。
3　Aは基本的にはコンピューターゲームと同じであると述べ、Bは日本も海外の考え方に合わせるべきだと述べている。
4　Aは社会性や心身の健康を得るものであると述べ、Bは「ゲーム大国」である日本ではもっと盛んに行うべきだと述べている。

問題13　次の文章を読んで、後の問いに対する答えとして最もよいものを、1・2・3・
　　　　4から一つ選びなさい。

　本来人間には「疑う力」が備わっていると思われる。子供の頃にはどんなことに対しても、「なぜ、
なに」という疑問がわいてくるものだ。初めはあらゆることに対して興味を持ち、自分の理解でき
ないことに対して疑いを持ち、「なぜ」と大人に尋ねる。そのときに大人が、「こうに決まっているじゃ
ない」と答えてしまって、「なぜ」という疑問にきちんと答えてあげないと、子供の疑う力は徐々に
奪われていく。「決まっていることなんだ」と思ってしまえば、それに対する疑いは消えてしまう。
こうして徐々に大人になっていくわけだが、秀才と言われる人間ほど、「決まっていること」を覚え
る能力が高いので、秀才ほど疑う力は衰えていく。官僚や公務員には秀才が多いが、彼らの多くは、
　　　　　　　　　　　　　　　　　　　　　　　　　　①
前例主義を取り、自分たちの行っている行政手法に疑いを持っていない。制度や法律のほうが間違っ
ていても、それを疑うようなことはせず、前例を踏襲していこうとする。仮に疑問を持ったとして
　　　　　　　　　　　　　　　　　　　　　（注1）
も自分たちの力ではどうしようもないというあきらめの気持ちがあるのかもしれないが、なるべく
自己矛盾が起こらないように、疑わない習慣を身につけていくようだ。
　それに対して、エジソンのような天才は、「なぜ、なに」という疑う気持ちを突き詰めていったが
ために、大発明家になっている。
　前述したように、本来は知識が増えるほど、既存知識とのバッティングが起こり、疑いを持つ場
　　　　　　　　　　　　　　　　　　　　②
面が増えてくるはずだが、疑う習慣を持っていないと、それができない。官僚の人たちは、知識が
豊富なはずだから、それぞれの知識がぶつかり合って、疑問点、矛盾点をたくさん感じているはず
なのだが、それをあえて疑わないように封印しているのかもしれない。
　　　　　　　　　　　　　　　　　（注2）
　そうした秀才の人たちも、反抗期の頃にはけっこう疑う力はあったのではないだろうか。反抗期に、
親や先生に対して暴力的に逆らう子もいるが、何でも口答えをする「知的反抗」のような反抗法も
ある。若い時期には、親や先生など大人の権威に逆らいたくなる時期があり、大人が何かを言うと、「そ
れは違うんじゃないか。こういう理由で違うはずだ」と反論したくなるものだ。大人はそれを押さ
え込もうとするが、そういう芽を摘まないようにすることも重要だろう。知的反抗心をうまく育て
てあげれば、疑う力を将来発展させて、高い知的生産活動ができるようになるかもしれないのだ。

（和田秀樹『＜疑う力＞の習慣術』PHP研究所による）

（注1）踏襲する：先人のやり方や説をそのまま受け継ぐこと
（注2）封印する：それまであった物事や言動を、表に出さないようにすること

71 ①官僚や公務員について、筆者はどう考えているか。

1　秀才が多く、あらゆることに興味をもっている人が多い。

2　前例を踏襲することに疑問を持っている人が多い。

3　秀才で、疑わない習慣を身につけている人が多い。

4　子供の頃に感じた疑問を消さずに持ち続けてきた人が多い。

72 ②既存知識とのバッティングとはどういうことか。

1　今までの知識が間違っていたことが分かる。

2　今までの知識とは矛盾することが起こる。

3　今までの知識に別の知識が加わる。

4　今までの知識を証明する知識が加わる。

73 本文の内容に合っているのはどれか。

1　誰でも生まれつき疑う心を持っており、これは成長過程でなくなることはない。

2　決まっていることを反抗せずにそのまま覚えるのは、秀才でなければできない。

3　若い時の反抗心は、暴力につながることもあり、なるべく押さえ込むことが必要だ。

4　子ども時代の、疑いや反抗の精神を育てることが、知的な生産活動につながる。

問題14　右のページは、ある自治体のホームページに載っている自転車駐車場の利用
案内である。下の問いに対する答えとして最もよいものを、1・2・3・4から一つ
選びなさい。

74　カリナさんは定期利用をしたいと考えている。カリナさんが利用登録をするための手続きとして正しいのはどれか。

1　前月の6日から15日の間に事務所に問い合わせ、空きがあったら駐車場窓口で申し込む。

2　前月の6日から15日の間に事務所に問い合わせ、空きがあったら田山市のホームページから申し込む。

3　契約月の6日から15日の間に事務所に問い合わせ、空きがあったら駐車場窓口で申し込む。

4　契約月の6日から15日の間に事務所に問い合わせ、空きがあったら田山市のホームページから申し込む。

75　大学生のアリフさんはサマーコースに参加するため、その期間だけ自転車駐車場を利用しようと考えている。サマーコースは7月30日〜8月29日で、通学回数は7月が2回、8月が20回、全部で22回である。最も安い場合でいくらかかるか。

1　1,600円

2　1,700円

3　1,800円

4　2,200円

田山駅前自転車駐車場の利用案内

　田山市では、歩行者や自転車の安全な通行を確保するため、田山駅前に自転車駐車場を設置しています。駅周辺で自転車をご利用になる場合は自転車駐車場をご利用ください。

　田山駅前自転車駐車場には、1か月、3か月、6か月の契約期間中、自由に利用できる「**定期利用**」と、当日1回限り利用できる「**一時利用**」があり、どなたでもご利用になれます。

【定期利用】

- 契約期間は1か月、3か月、6か月から選ぶことができます。月の途中からの契約はできません。
- 終日ご利用いただけます。
- 学割があります。
- 利用登録が必要です。

【一時利用】

- 当日1回限りのご利用です。
- 利用開始日から2日間以上続けて利用する場合は、日付が変わった回数分の利用料金が加算されます。
- 利用登録の必要はありません。

利用者区分	定期利用			一時利用
	1か月	3か月	6か月	100円 ＊当日1回限り。日付が変わると、変わった回数分の料金が加算される。
一般	2,000円	5,200円	9,600円	
学割	1,600円	4,200円	7,800円	

《利用登録について》

※契約しようとする月の前月の6日から15日まで、駐車場事務所窓口にて受付を行います。その時点で空いている台数分のみ受け付けます。空きがない場合は利用登録できません。空き状況は駐車場事務所にお問い合わせください。田山市ホームページの市民サービス情報で確認することもできます。

※利用登録には住所が確認できる書類（マイナンバーカード、運転免許証、健康保険証など）が必要です。学割をご希望の方は学生証も提示してください。

N2

【ベスト模試　第3回】

聴解

（50分）

注　意
Notes

1. 試験が始まるまで、この問題用紙を開けないでください。
   Do not open this question booklet until the test begins.

2. この問題用紙を持って帰ることはできません。
   Do not take this question booklet with you after the test.

3. 受験番号と名前を下の欄に、受験票と同じように書いてください。
   Write your examinee registration number and name clearly in each box below as written on your test voucher.

4. この問題用紙は、全部で13ページあります。
   This question booklet has 13 pages.

5. この問題用紙にメモをとってもかまいません。
   You may make notes in this question booklet.

受験番号　Examinee Registration Number	

名 前　Name	

問題 1

問題 1 では、まず質問を聞いてください。それから話を聞いて、問題用紙の 1 から
4 の中から、最もよいものを一つ選んでください。

例

1　全体のこうせいを考え直す
2　新しいデータを付け加える
3　教室で練習をする
4　機材をチェックする

聴解

1番

1　お客様と電話で話す

2　電話をほりゅうにする

3　部屋を見に行く

4　ロビーの床をチェックする

2番

1　りょうの部屋にもどる

2　姉の家に行く

3　ドライブに行く

4　うんてんの練習に行く

3番

1　文字を大きくする

2　きごうを使う

3　文字の色を変える

4　全体をすっきりさせる

4番

1　100部

2　150部

3　200部

4　250部

5番

1　こきゃくかんりの表を作る

2　プレゼンテーション用のしりょうを作る

3　新人研修のしりょうを作る

4　ランさんと話す

　問題2では、まず質問を聞いてください。そのあと、問題用紙のせんたくしを読んでください。読む時間があります。それから話を聞いて、問題用紙の1から4の中から、最もよいものを一つ選んでください。

れい
例

1　朝、寝坊したから

2　いつもの電車に乗れなかったから

3　電車の中に忘れ物をしたから

4　電車の中で寝てしまったから

聴解

1番

1 親がてがきで手紙を書いているから

2 親がいっしょに勉強をしているから

3 ゲームをするのをやめたから

4 先生ができたことをほめてくれたから

2番

1 子どもの質問にはきちんと答えなければならない

2 答えないで、なるべくむししたほうがいい

3 答えを見つける方法を子どもに教えるといい

4 子どもに自分で考えさせる方法もある

3番

1 二つの才能をどちらも生かしたかったから

2 全然違う活動をすることでリフレッシュできるから

3 二つの活動に共通点があり、自分にとって自然なことだから

4 目的の違う二つのことをしたいと思っているから

4番

1 上の部屋の人が大きい音をたてていたから

2 日本語を話すチャンスがなかったから

3 ルームメートが日本人だったから

4 学校に遠くて不便だったから

5番

1 聞いている人を見ていなかったこと
2 最後まで終わらなかったこと
3 話す内容がおおすぎたこと
4 最初にけつろんを言わなかったこと

6番

1 知らないうちに写真を撮られてしまうから
2 かつどうてきでなくなってしまうから
3 たいけんを思い出す能力がひくくなるから
4 過去のことを気にするようになるから

　問題3では、問題用紙に何もいんさつされていません。この問題は、全体としてどんな内容かを聞く問題です。話の前に質問はありません。まず話を聞いてください。それから、質問とせんたくしを聞いて、1から4の中から、最もよいものを一つ選んでください。

ーメモー

聴解

問題 4

　問題4では、問題用紙に何もいんさつされていません。まず文を聞いてください。それから、それに対する返事を聞いて、1から3の中から、最もよいものを一つ選んでください。

―メモ―

聴解

<ruby>問題<rt>もんだい</rt></ruby> 5

<ruby>問題<rt>もんだい</rt></ruby>5では、<ruby>長<rt>なが</rt></ruby>めの<ruby>話<rt>はなし</rt></ruby>を<ruby>聞<rt>き</rt></ruby>きます。この<ruby>問題<rt>もんだい</rt></ruby>に<ruby>練習<rt>れんしゅう</rt></ruby>はありません。<ruby>問題用紙<rt>もんだいようし</rt></ruby>にメモをとってもかまいません。

1<ruby>番<rt>ばん</rt></ruby>、2<ruby>番<rt>ばん</rt></ruby>

<ruby>問題用紙<rt>もんだいようし</rt></ruby>に<ruby>何<rt>なに</rt></ruby>もいんさつされていません。まず<ruby>話<rt>はなし</rt></ruby>を<ruby>聞<rt>き</rt></ruby>いてください。それから、<ruby>質問<rt>しつもん</rt></ruby>とせんたくしを<ruby>聞<rt>き</rt></ruby>いて、1から4の<ruby>中<rt>なか</rt></ruby>から、<ruby>最<rt>もっと</rt></ruby>もよいものを<ruby>一<rt>ひと</rt></ruby>つ<ruby>選<rt>えら</rt></ruby>んでください。

ーメモー

まず話を聞いてください。それから、二つの質問を聞いて、それぞれ問題用紙の1から4の中から、最もよいものを一つ選んでください。

質問1

1　スカイくん

2　ツリーくん

3　ミドリちゃん

4　サニーちゃん

質問2

1　スカイくん

2　ツリーくん

3　ミドリちゃん

4　サニーちゃん

聴解

解答用紙　　　　　　　　　　　　　　　【ベスト模試 第3回】

N2　言語知識（文字・語彙・文法）・読解

受験番号　Examinee Registration Number

名前　Name

〈ちゅうい Notes〉

1. くろいえんぴつ（HB、No.2）でかいてください。
   Use a black medium soft (HB or No.2) pencil.
   （ペンやボールペンではかかないでください。）
   (Do not use any kind of pen.)
2. かきなおすときは、けしゴムできれいにけしてください。
   Erase any unintended marks completely.
3. きたなくしたり、おったりしないでください。
   Do not soil or bend this sheet.
4. マークれい Marking Examples

よいれい Correct Example	わるいれい Incorrect Examples
●	⊗ ◡ ◠ ◌ ⊛ ◍ ◕

問題 1

1	①	②	③	④
2	①	②	③	④
3	①	②	③	④
4	①	②	③	④
5	①	②	③	④

問題 2

6	①	②	③	④
7	①	②	③	④
8	①	②	③	④
9	①	②	③	④
10	①	②	③	④

問題 3

11	①	②	③	④
12	①	②	③	④
13	①	②	③	④
14	①	②	③	④
15	①	②	③	④

問題 4

16	①	②	③	④
17	①	②	③	④
18	①	②	③	④
19	①	②	③	④
20	①	②	③	④
21	①	②	③	④
22	①	②	③	④

問題 5

23	①	②	③	④
24	①	②	③	④
25	①	②	③	④
26	①	②	③	④
27	①	②	③	④

問題 6

28	①	②	③	④
29	①	②	③	④
30	①	②	③	④
31	①	②	③	④
32	①	②	③	④

問題 7

33	①	②	③	④
34	①	②	③	④
35	①	②	③	④
36	①	②	③	④
37	①	②	③	④
38	①	②	③	④
39	①	②	③	④
40	①	②	③	④
41	①	②	③	④
42	①	②	③	④
43	①	②	③	④
44	①	②	③	④

問題 8

45	①	②	③	④
46	①	②	③	④
47	①	②	③	④
48	①	②	③	④
49	①	②	③	④

問題 9

50	①	②	③	④
51	①	②	③	④
52	①	②	③	④
53	①	②	③	④
54	①	②	③	④

問題 10

55	①	②	③	④
56	①	②	③	④
57	①	②	③	④
58	①	②	③	④
59	①	②	③	④

問題 11

60	①	②	③	④
61	①	②	③	④
62	①	②	③	④
63	①	②	③	④
64	①	②	③	④
65	①	②	③	④
66	①	②	③	④
67	①	②	③	④
68	①	②	③	④

問題 12

69	①	②	③	④
70	①	②	③	④

問題 13

71	①	②	③	④
72	①	②	③	④
73	①	②	③	④

問題 14

74	①	②	③	④
75	①	②	③	④

解答用紙　【ベスト模試 第3回】

N2 聴解

受験番号 Examinee Registration Number		名前 Name	

〈ちゅうい Notes〉

1. くろいえんぴつ(HB、No.2)でかいてください。
   Use a black medium soft (HB or No.2) pencil.
   （ペンやボールペンではかかないでください。）
   (Do not use any kind of pen.)
2. かきなおすときは、けしゴムできれいにけしてください。
   Erase any unintended marks completely.
3. きたなくしたり、おったりしないでください。
   Do not soil or bend this sheet.
4. マークれい Marking Examples

よいれい Correct Example	わるいれい Incorrect Examples
●	⊘ ◔ ◯ ◎ ⊜ ◑ ◍

問題 1

例	①	②	●	④
1	①	②	③	④
2	①	②	③	④
3	①	②	③	④
4	①	②	③	④
5	①	②	③	④

問題 2

例	①	②	●	④
1	①	②	③	④
2	①	②	③	④
3	①	②	③	④
4	①	②	③	④
5	①	②	③	④
6	①	②	③	④

問題 3

例	①	●	③	④
1	①	②	③	④
2	①	②	③	④
3	①	②	③	④
4	①	②	③	④
5	①	②	③	④

問題 4

例	●	②	③
1	①	②	③
2	①	②	③
3	①	②	③
4	①	②	③
5	①	②	③
6	①	②	③
7	①	②	③
8	①	②	③
9	①	②	③
10	①	②	③
11	①	②	③
12	①	②	③

問題 5

1		①	②	③	④
2		①	②	③	④
3	(1)	①	②	③	④
3	(2)	①	②	③	④

解答用紙

【ベスト模試 第1回】

N2 聴解

受験番号 Examinee Registration Number		名前 Name	

〈ちゅうい Notes〉

1. くろいえんぴつ(HB、No.2)でかいてください。
   Use a black medium soft (HB or No.2) pencil.
   (ペンやボールペンではかかないでください。)
   (Do not use any kind of pen.)
2. かきなおすときは、けしゴムできれいにけしてください。
   Erase any unintended marks completely.
3. きたなくしたり、おったりしないでください。
   Do not soil or bend this sheet.
4. マークれい Marking Examples

よいれい Correct Example	わるいれい Incorrect Examples
●	⊗ ◌ ◯ ◍ ⊖ ◑ ◕

問題 1

	①	②	③	④
例	①	②	●	④
1	①	②	③	④
2	①	②	③	④
3	①	②	③	④
4	①	②	③	④
5	①	②	③	④

問題 2

	①	②	③	④
例	①	②	●	④
1	①	②	③	④
2	①	②	③	④
3	①	②	③	④
4	①	②	③	④
5	①	②	③	④
6	①	②	③	④

問題 3

	①	②	③	④
例	①	●	③	④
1	①	②	③	④
2	①	②	③	④
3	①	②	③	④
4	①	②	③	④
5	①	②	③	④

問題 4

	①	②	③
例	●	②	③
1	①	②	③
2	①	②	③
3	①	②	③
4	①	②	③
5	①	②	③
6	①	②	③
7	①	②	③
8	①	②	③
9	①	②	③
10	①	②	③
11	①	②	③
12	①	②	③

問題 5

		①	②	③	④
1		①	②	③	④
2		①	②	③	④
3	(1)	①	②	③	④
	(2)	①	②	③	④

解答用紙

【ベスト模試 第1回】

N2 言語知識（文字・語彙・文法）・読解

受験番号 Examinee Registration Number		名前 Name	

〈ちゅうい Notes〉

1. くろいえんぴつ(HB、No.2)でかいてください。
   Use a black medium soft (HB or No.2) pencil.
   （ペンやボールペンではかかないでください。）
   (Do not use any kind of pen.)
2. かきなおすときは、けしゴムできれいにけしてください。
   Erase any unintended marks completely.
3. きたなくしたり、おったりしないでください。
   Do not soil or bend this sheet.
4. マークれい Marking Examples

よいれい Correct Example	わるいれい Incorrect Examples
●	◌ ◑ ◯ ⦻ ◍ ◐ ◍

問 題 1

1	①	②	③	④
2	①	②	③	④
3	①	②	③	④
4	①	②	③	④
5	①	②	③	④

問 題 2

6	①	②	③	④
7	①	②	③	④
8	①	②	③	④
9	①	②	③	④
10	①	②	③	④

問 題 3

11	①	②	③	④
12	①	②	③	④
13	①	②	③	④
14	①	②	③	④
15	①	②	③	④

問 題 4

16	①	②	③	④
17	①	②	③	④
18	①	②	③	④
19	①	②	③	④
20	①	②	③	④
21	①	②	③	④
22	①	②	③	④

問 題 5

23	①	②	③	④
24	①	②	③	④
25	①	②	③	④
26	①	②	③	④
27	①	②	③	④

問 題 6

28	①	②	③	④
29	①	②	③	④
30	①	②	③	④
31	①	②	③	④
32	①	②	③	④

問 題 7

33	①	②	③	④
34	①	②	③	④
35	①	②	③	④
36	①	②	③	④
37	①	②	③	④
38	①	②	③	④
39	①	②	③	④
40	①	②	③	④
41	①	②	③	④
42	①	②	③	④
43	①	②	③	④
44	①	②	③	④

問 題 8

45	①	②	③	④
46	①	②	③	④
47	①	②	③	④
48	①	②	③	④
49	①	②	③	④

問 題 9

50	①	②	③	④
51	①	②	③	④
52	①	②	③	④
53	①	②	③	④
54	①	②	③	④

問 題 10

55	①	②	③	④
56	①	②	③	④
57	①	②	③	④
58	①	②	③	④
59	①	②	③	④

問 題 11

60	①	②	③	④
61	①	②	③	④
62	①	②	③	④
63	①	②	③	④
64	①	②	③	④
65	①	②	③	④
66	①	②	③	④
67	①	②	③	④
68	①	②	③	④

問 題 12

| 69 | ① | ② | ③ | ④ |
| 70 | ① | ② | ③ | ④ |

問 題 13

71	①	②	③	④
72	①	②	③	④
73	①	②	③	④

問 題 14

| 74 | ① | ② | ③ | ④ |
| 75 | ① | ② | ③ | ④ |